Der Polizeihund

als Gehilfe der Strafrechtsorgane.

Ein Hilfsbuch
für Staatsanwälte, Untersuchungsrichter,
Verteidiger, Polizeibehörden usw.

von

Dr. Th. Zell.

Mit den Abbildungen der gebräuchlichsten Polizeihunde.

Berlin 1909.
J. Guttentag, Verlagsbuchhandlung,
G. m. b. H.

Vorwort.

Die vorliegende Arbeit fällt in das Gebiet der von Professor Dr. Groß begründeten Kriminalistik. Auf naturwissenschaftlicher Grundlage beruhend will sie zur Förderung der Strafrechtspflege beitragen. Da nämlich der Polizeihund in Kriminalfällen immer häufiger zur Verwendung gelangt, so ist es für alle Strafrechtsorgane von großer Wichtigkeit, sich darüber zu unterrichten, worauf die Leistungen dieses Tieres beruhen und wie sie zu beurteilen sind. Direktor Robert Gersbach, der sich um die Einführung der Polizeihunde ein großes Verdienst erworben hat, veröffentlichte kürzlich ein Buch: „Dressur und Führung des Polizeihundes". Wie schon der Titel anzeigt, ist es hauptsächlich ein Buch für Polizeihundführer, während die eigentliche Tätigkeit des Hundes bei der Aufspürung von Verbrechen nur auf wenigen Seiten besprochen wird. Es wäre mir bedeutend angenehmer, wenn ich den von Gersbach aufgestellten Grundsätzen rückhaltlos beitreten könnte, aber im Interesse der Sache muß ich ihm in vielen Punkten widersprechen. Bei der Schwierigkeit des Gegenstandes kann man Gersbach daraus keinen Vorwurf machen, daß er sich geirrt hat, denn es handelt sich um ein von der Wissenschaft fast gänzlich vernachlässigtes Gebiet. Auch ist mir nicht bekannt geworden, daß ein anderer Autor die hier behandelte Frage gründlich erörtert hätte.

Jedenfalls habe ich mich bemüht, die Ausführungen von Gersbach ganz sachlich zu behandeln und überall meine abweichende Ansicht eingehend zu begründen. Der bei ihm auf wenigen Seiten gedachten Kriminalarbeit des Hundes ist hier das ganze Buch gewidmet.

Als Grundlage für das Problem des Witterns der Tiere ist das vortreffliche und umfangreiche Buch des holländischen Stabsarztes Dr. Zwaardemaker: „Die Physiologie des Geruchs"*) benützt.

Ich hoffe, daß die Lektüre meines Buches die Strafrechtsorgane, insbesondere den Juristen, in den Stand setzt, sich ein Urteil darüber zu bilden, was den Hund zu den anscheinend wunderbaren Erfolgen befähigt und worauf bei seiner Tätigkeit zu achten ist.

Berlin W 57, im August 1909.

Der Verfasser.

*) Leipzig 1895, übersetzt von Dr. A. Junker von Langegg.

Inhaltsverzeichnis.

I. Theoretischer Teil.

Erstes Kapitel.

Der Hund als Gehilfe des Menschen. — Einige Leistungen der Polizeihunde.

Zwei Prozesse, die in dem letzten Jahrzehnt die Gemüter erregten und trotz unendlicher Bemühungen und Kosten kein zufriedenstellendes Resultat ergaben, wären durch eine Hundenase in wenigen Minuten erledigt worden. Im ersten Fall handelte es sich um den Unteroffizier Marten, der unter der Anklage stand, einen Rittmeister erschossen zu haben. Ob das Gewehr, mit dem der tödliche Schuß abgegeben war, vom Angeklagten abgeschossen war, hätte ein Beriechen der Waffe, insbesondere des Kolbens, mit Sicherheit feststellen können. Der zweite Fall betrifft die angebliche Kindesunterschiebung der Gräfin Kwilecka. Wir Menschen können nur die Farbe der Augen und Haare und andere sichtbare Eigenschaften zum Vergleiche heranziehen, ob ein Kind von einer Frau geboren ist oder nicht. Unzweifelhaft aber besitzen Verwandte einen verwandten Geruch (vgl. S. 84), woran ein Hund sofort erkannt hätte, wer die wahre Mutter sei. Auch den berühmten Prozeß der beiden Frauen vor dem König Salomo hätte eine Hundenase in kurzer Zeit richtig entschieden.

Der Gedanke, die Kräfte und die Gaben des Tieres in den Dienst der Menschen zu stellen, ist an sich so naheliegend, daß wir überall bis in die graue Vorzeit das Halten von Haustieren feststellen können. Wir nützen das Fleisch und die Milch des Rindviehs und anderer Pflanzenfresser, die Schnelligkeit und Kraft des Pferdes usw. Besonders haben Jägervölker den Hund als ihren Gehilfen gewonnen, indem sie nicht nur seine Kraft und Schnelligkeit zum Einfangen und Überwältigen der Beute benützten, sondern auch seine feine Nase zum Aufspüren des Wildes. Bereits Homer rühmt beispielsweise von dem treuen Hunde des Odysseus, daß er sich vorzüglich auf Wildfährten verstanden habe*).

Unersetzliche Dienste leistete der Hund auch dann, wenn, wie es noch heute auf dem Lande nicht selten vorkommt, ein Kind sich verlaufen und im Walde verirrt hatte. Man gab dem Tiere das Schuhzeug des Kleinen zu beriechen und führte es im Kreise um das Wohnhaus herum, bis es die Spur gefunden hatte, die es eifrig und regelmäßig mit bestem Erfolge verfolgte. Wie sollte ein Mensch eine solche Leistung vollbringen, zumal wenn es bereits dunkel geworden war! Was nützen uns in solchem Falle die schärfsten Augen.

Man muß sich solche Leistungen, also die Ver-

*) Odyssee Buch 17, Vers 317.

sorgung mit Fleisch und das Wiederfinden eines verlorenen Lieblings, vergegenwärtigen, um den anscheinend überspannten Lobspruch, der sich im Zendavesta findet, zu verstehen: Durch den Verstand des Hundes besteht die Welt.

Zu den anderen Gaben der Tiere, die der Landbewohner benützt, gehört beispielsweise die Fähigkeit der Hunde und Pferde, in der dunkelsten Nacht nach Hause zu finden. Jeder Reiter wird zur Nachtzeit, wenn er sich verirrt hat, das Finden des richtigen Weges seinem Tiere überlassen. Der Orientierungssinn der Tauben wurde bereits im Altertum zur Übermittelung von Nachrichten verwendet. Das Vorgefühl der Haustiere wie der wilden Tiere für das kommende Wetter ist ebenfalls schon den Alten bekannt gewesen. Überhaupt sahen diese in den Tieren unsere Lehrmeister, während die Neuzeit diesen Standpunkt belächelt. Dass das mit Recht geschieht, möchte ich nicht behaupten.

In der Gegenwart weiß eigentlich nur noch der Jäger die Feinheit der Hundenase zu würdigen, und deshalb genießt der Hund bei ihm eine Wertschätzung, die dem Großstädter manchmal komisch vorkommt. Um dem Nichtjäger eine Ahnung von der Wichtigkeit des Hundes zu verschaffen, will ich einige Worte darüber sagen, indem ich einen ganz einfachen Fall der Jagd schildere.

Also mein Freund, der ein schönes Jagdrevier gepachtet hat, fordert mich an einem Sommertage auf, mit ihm ein paar Kaninchen zu schießen. Die Auswahl ist zu dieser Zeit nicht groß, da das meiste Wild Schonzeit hat. Wir nehmen „Hektor“ mit und begeben uns nach einem großen Seradellaschlag, der an einer Kiefernheide liegt. Am Rande der Heide haben die Kaninchen ihre Baue und begeben sich von ihnen aus in die Seradella, um sich dort gütlich zu tun. Wer die wilden Kaninchen für so dumm hält wie die zahmen, der würde sich gewaltig irren. Das wilde Kaninchen denkt nämlich, wenn Menschen kommen, durchaus nicht daran, flink nach dem Bau zu laufen, denn hierbei könnte es ja geschossen werden. Es weiß vielmehr, daß es in der dichten Seradella für das schärfste Auge unsichtbar bleibt, und deshalb bleibt es ruhig sitzen. Wenn wir Jäger also keinen Hund bei uns hätten, so könnten wir den ganzen Schlag ablaufen, ohne ein Kaninchen zu entdecken. Gerade darin liegt der unersetzliche Wert des Hundes, daß er uns hier zu Hilfe kommt. Kaum sind wir in der Nähe des Schlages, so weiß Hektor aus alter Erfahrung, was er zu tun hat. Vorsichtig läuft er uns voran, und zwar dem Winde entgegen, da er sonst nichts wittern würde. Nicht lange dauert es, da bleibt er plötzlich wie angewurzelt stehen. Nun wissen wir mit Bestimmtheit, daß entweder vor ihm ein Kaninchen sitzt — oder ein solches gesessen hat. Die Flinten werden an die Wangen genommen, denn das fliehende Kaninchen läuft blitzschnell im Zickzack. Auf einen Wink geht der Hund näher, und das arme Kaninchen merkt nun, daß es sein Heil in der Flucht suchen muß. Doch bevor es seinen Bau erreicht, macht eine Schrotladung seinem Leben ein Ende. Auf diese Weise schießen wir in kurzer Zeit acht Kaninchen, während wir ohne Hund kein einziges erhalten hätten.

Bei der Hühnerjagd ist es genau ebenso. Trotz der schärfsten Augen vermögen wir Menschen nicht die im dichten Kartoffelkraut steckenden Hühner zu sehen, während der Hund sie wittert und uns durch sein Gebaren ihre Nähe anzeigt. Ein tödlich verwundetes Wild, z. B. ein Rehbock, der getroffen flüchtet, würde uns in den meisten Fällen verloren gehen, aber die feine Nase des Hundes findet ihn. Ob der Fuchsbau bewohnt ist oder nicht, weiß der Dachshund genau, nachdem er den Bau berochen hat.

Diese Proben dürften wohl genügen. Dabei sind die auf anderen Gebieten liegenden Leistungen des Jagdhundes noch ganz unerwähnt geblieben, z. B. das Abwürgen des Fuchses, das Holen der geschossenen Ente aus dem Schilf oder dem eisigen Wasser usw.

Für den Jäger war es daher von jeher ein ganz selbstverständlicher Gedanke, die Hundenase zur Ermittelung des Verbrechers zu verwenden. Hat man doch in Amerika zur Ergreifung entsprungener Sklaven Bluthunde benutzt (vgl. S. 118) und in Deutschland und Österreich Kriegshunde eingestellt, die namentlich Verwundete aufspüren sollten.

Für die Einführung von Polizeihunden ist bekanntlich bei uns Professor Hans Groß, der ausgezeichnete Kriminalist, in unermüdlicher Weise eingetreten. Daß seine Agitation so spät Früchte getragen hat, liegt wohl hauptsächlich daran, daß unsere Gelehrten im allgemeinen der Natur, insbesondere der Tierwelt, entfremdet sind. Daraus ist ihnen natürlich kein Vorwurf zu machen, denn die Kultur mit ihren großen Vorzügen hat naturgemäß auch ihre Schattenseiten im Gefolge.

Mir persönlich ist die Verwendung des Hundes zur Aufdeckung von Verbrechen stets als so selbstverständlich vorgekommen, daß ich bereits vor 15 Jahren, also noch bevor Professor Groß für die Einführung von Polizeihunden eintrat, in der „Kölnischen Zeitung" auf die Bedeutung anderer Tiere für die Justiz aufmerksam machte. So wies ich nach, daß allein in der Provinz Westpreußen im Sommer 1869 vier Mörder ungestraft geblieben wären, da die Täter ihre Opfer im Walde verscharrt hatten, wenn nicht die feine Nase des Fuchses die verscharrten Leichen aufgespürt hätte. Der Artikel vom 18. August 1894 lautet: Zur Ehrenrettung des Fuchses (unter meinem bürgerlichen Namen) und nennt Reineke einen der tüchtigsten Hilfsarbeiter der Staatsanwaltschaft, obwohl er unbesoldet sei. Professor Groß zitiert diese Arbeit in seinem ausgezeichneten Werke: Handbuch für den Untersuchungsrichter, 3. Auflage, S. 123.

Die hauptsächlichsten Rassen, die heute als Polizeihunde zur Verwendung kommen, sind der deutsche Schäferhund, der Dobermannpinscher und der Airedaleterrier. Ihre Bilder sind am Schluß des Buches enthalten. Ob der Rottweiler Hund, der vielfach empfohlen wird, sich zum Polizeihund eignet, muß erst die Praxis zeigen.

Bei der heute herrschenden freien Beweiswürdigung steht der Benutzung eines Tieres als Beweismittel nichts im Wege. Solche Prozesse kommen nicht selten vor. Ein Angeklagter bestritt beispielsweise, einen Kanarienvogel gestohlen zu haben, wurde aber für überführt erachtet, da der Vogel seine frühere Herrin lebhaft begrüßte und sofort sang. Bei gestohlenen Hunden spielt das Erkennen ihres früheren Herrn ebenfalls eine große Rolle.

Noch wollte ich bemerken, daß nach älterer deutscher Auffassung das Tier überhaupt dem Menschen viel näher steht als jetzt, und in ihm ein gleichartiges Wesen erblickt wird. Kein Volk besitzt wohl so schöne Märchen, in denen die Tiere vielfach als Helfer und Schützer der Menschen auftreten wie das deutsche. Deshalb steht es mit dieser Auffassung ganz im Einklang, daß ein altes, erblindetes Roß seinen undankbaren Herrn vor Gericht lud, oder daß der Hund des Aubry zu einem gerichtlichen Zweikampf mit dem Mörder seines Herrn zugelassen wurde, worin er ihn überwand.

Über die praktischen Erfolge, die man bisher mit Polizeihunden erzielt hat, wäre folgendes zu sagen.

Wollte man alle Taten anführen, die seit der Einführung von Polizeihunden in Deutschland vollbracht sind, so würde eine solche Zusammenstellung — trotz des geringen Zeitraums — wahrscheinlich einen kleinen Band füllen. Jedenfalls kann sich die Justiz bei den Polizeihunden bedanken, daß durch ihre Tätigkeit nicht nur eine Menge Verbrecher aufgespürt, sondern, was vielleicht noch mehr sagen will, zahllose Verbrechen verhütet worden sind. Was nützen die schönsten Gesetze, wenn sie nicht befolgt werden, und welchen Wert haben die durchdachtesten Strafandrohungen, wenn der Verbrecher unentdeckt bleibt!

— Der Satz, daß die Nürnberger keinen hängen, den sie nicht haben, gilt auch noch heutigentags.

Für diejenigen Leser, die sich mit den Leistungen der Polizeihunde noch gar nicht beschäftigt haben, führe ich einige Beispiele an, die ich dem von Fritz Gersbach herausgegebenen „Polizeihund“ entnehme:

1. Der Hamburger Diensthund „Maus“ verbellte in der Nacht vom 30. zum 31. Juli 1908 in den Anlagen an der Osterbeckstraße eine Person, die dort im Buschwerk lag und ein Liebespaar belauschte. Der Führer des Hundes wurde durch das Verhalten des Mannes, der ihn mit Totschlag bedrohte, genötigt, diesen zur Wache zu sistieren. Der Gestellte ging anfangs gutwillig mit, drehte sich dann aber plötzlich um und packte den Schutzmann an der Kehle, so daß dieser sich nicht wieder loszumachen vermochte. Der Hund sprang sofort hinzu und biß sich in den Arm des Angreifers fest, so daß dieser nachgeben mußte und von dem Schutzmann überwältigt werden konnte. Auf dem weiteren Wege zur Wache machte der Verhaftete noch einen Angriff auf den Beamten; auch auf der Wache war er äußerst aufsässig, renommierte damit, daß er ein alter Zuchthäusler sei, und bedauerte, daß der Beamte den Hund bei sich gehabt habe; er werde es ihnen aber noch zeigen, mit wem sie es zu tun hätten. Er wurde in dem Verhandlungstermin, bei dem der Beamte mit seinem Hund als Zeuge auftrat, wegen Widerstandes gegen die Staatsgewalt zu fünf Monaten Gefängnis verurteilt. — In diesem Falle stand dem Beamten ein sehr kräftiger, vielfach wegen Gewalttätigkeiten, ja sogar wegen

Raubes vorbestrafter Verbrecher gegenüber, der, wie er selbst erklärte, nur aus Furcht vor dem Hunde vor der Ausführung seiner Drohungen zurückschreckte.

2. Eine hervorragende Leistung zeigte die Dobermannpinscherhündin „Gerhilde von Eckardstein“ (Führer Polizeioffiziant Nerenz-Bergedorf). In der Nacht vom 18. zum 19. Oktober wurde an dem Händler Walter aus Fischbeck bei Bargteheide ein Raubmord verübt. Walter war am Montag Morgen in einer großen Blutlache liegend aufgefunden worden. Er hatte mehrere tiefe Stichwunden an der Schläfe, neben ihm lag ein ziemlich großer Stein, der mit Blut befleckt war. Mit diesem Stein hatte der Mörder sein Opfer vollends getötet. Walter hatte während der Nacht auf einer Festlichkeit in Fischbeck geweilt. Der Verdacht lenkte sich auf den Arbeiter Hütscher in Vorburg bei Tremsbüttel; doch konnte man ihn nicht überführen. Auf Ersuchen des Amtsvorstehers in Bargteheide sandte die Bergedorfer Polizeibehörde am Dienstag abend den Polizeioffizianten Nerenz mit dem Polizeihund „Gerhilde“ nach Bargteheide. Von dem erwähnten blutbefleckten Stein, der neben der Leiche gefunden war, wurde „Gerhilde“ 48 Stunden nach der Tat Witterung gegeben. Sogleich nahm sie in dem ihr völlig unbekannten Gelände die Spur auf und folgte derselben etwa 1$^1/_2$ Stunden lang. Zur Überraschung aller Beteiligten endete die Spur in dem Hause des schon verhaftet gewesenen Arbeiters Hütscher in Vorburg bei Tremsbüttel. Der Hund übersprang die verschlossene Gartentür und gab an der Haustür Laut. Nachdem geöffnet war, verfolgte der Hund die

Spur bis in das Zimmer des genannten Hütscher, der jedoch nicht zugegen war. Als dieser vom Hofe aus das Haus betrat, stürzte sich der Hund laut bellend auf ihn. Der Mann, der totenblaß geworden war, wurde sofort verhaftet. Er bestreitet zwar noch seine Schuld, kann aber sein Alibi nicht nachweisen. „Gerhilde" stammt aus dem Zwinger des Polizeiinspektors Pahnke, Lüdenscheid; sie ist ein erstklassiger Polizeihund. Schon auf Polizeihundprüfungen zog diese stets gute Arbeit zeigende Hündin die Aufmerksamkeit der Kenner auf sich. (Nummer vom November 1908.)

3. Hamburg. In der Nacht vom 1. zum 2. September 1908 wurde von den Schutzmännern Homburg und Strobrawa auf dem freien Platz am Holsteinischen Kamp, woselbst sich Gärten mit Lauben und Hühnerställen befinden, ein verdächtiges Geräusch gehört. Beim Absuchen des Geländes wurde ein aufgebrochener Hühnerstall mit Blutspuren, die anscheinend von geschlachteten Hühnern herrührten, und auch einige Fußspuren vorgefunden. Unter Zurücklassung des Schutzmanns Strobrawa holte nun der Schutzmann Homburg aus seiner in der Nähe gelegenen Wohnung seinen Hund „Hektor", welcher sich in der Ausbildung als Polizeihund befindet. Der Hund nahm am Tatort eine Spur auf, die nach einer entfernter gelegenen Laube führte, woselbst sich auch ein Hühnerstall befindet, durchbrach das vor dem Stall angebrachte Drahtgitter und fing an zu bellen. Da hiernach anzunehmen war, daß sich Diebe im Hühnerstall aufhielten, wurde die Tür aufgebrochen. Der Hund sprang sofort hinein und holte zwei Männer heraus,

die einen Sack mit einem lebenden Huhn darin bei sich führten. An dem Taschenmesser des einen Mannes befand sich Blut, ferner wurde vor dem Stalle ein Brecheisen vorgefunden. Beide Personen wurden festgenommen.

4. Am 8. November 1908 war in dem etwa 15 km von Rostock liegenden Dorf Kankel der Bauer Strohmeyer ermordet worden. Die Leiche war auf der Diele der etwa 35 m vom Wohnhause entfernt liegenden Scheune gefunden worden. Der Kopf war mit Säcken bewickelt, und um den Körper befand sich ein Strick, mittelst dessen die Leiche offenbar an die Fundstelle transportiert worden war. Über die Person des Täters war, als nachts die Staatsanwaltschaft, begleitet durch den Schutzmann Witt-Rostock mit der Polizeihündin „Senta“, zur Stelle war, nichts bekannt. Es wurde versucht, den Polizeihund durch Witterunggabe von den an der Leiche befindlichen Säcken und Stricken auf die Spur des Täters zu setzen. Der Hund nahm seinen Weg auf das, wie bereits gesagt, etwa 35 m entfernt liegende Wohnhaus und, nachdem alle Innen- und Außentüren angesichts dieses Umstandes sofort geöffnet waren, in die links unten liegende Stube. Hier sprang er ohne weiteres auf das am Fußboden befindliche Nachtlager, unter dessen Oberdecke der Schnitter Jablonski lag, und verbellte ihn. Jablonski hat bald danach aus Anlaß des mit der Hündin erzielten Erfolgs sich als Verüber des Mordes bekannt. Andernfalls hätte er das wohl nicht getan, zumal da die Ehefrau des Ermordeten ihn sogar gegen Verdächtigung in Schutz genommen hatte.

Mit Hilfe der Hündin ist es dann auch gelungen, als den Ort der Tat die Diele des 30 m von dem Fundort der Leiche liegenden Kuhstalls festzustellen. (Polizeihund, Dezember 1908.)

Zweites Kapitel.

Die Stellung der Wissenschaft zu unserem Thema. — Meine Legitimation zur Sache.

Es ist an sich selbstverständlich, daß als Sachverständige in Prozessen, namentlich in solchen, wo es sich um den Kopf des Angeklagten handelt, die hervorragendsten Vertreter der Wissenschaft hinzugezogen werden. Bei der Tätigkeit der Polizeihunde machen wir nun die merkwürdige Feststellung, daß solche Vertreter gar nicht vorhanden sind. Gerade, da die wissenschaftliche Zoologie sehr Bedeutendes geleistet hat, ist es mir immer peinlich, darauf hinzuweisen, daß sich die Zoologie als Wissenschaft mit den Fragen, wie z. B. das Wittern des Hundes zustande kommt und welche Tiere überhaupt wittern können, gar nicht befaßt. Der Laie nimmt die Kenntnis der Zoologen auf diesem Gebiete als selbstverständlich an, während sie in der Wirklichkeit gar nicht besteht. Die Lebensweise der Tiere ist nicht Gegenstand der wissenschaftlichen Zoologie. Die Streitfrage, ob z. B. der Fuchs ein guter Vater ist, der sich um seine Jungen kümmert, kann möglicherweise ein Zoologe richtig beantworten. Dann besitzt er aber diese Kenntnis auf Grund einer besonderen Liebhaberei für diese Frage, nicht aber auf Grund seiner Wissenschaft.

Aber auch die Medizin läßt uns in diesem Falle in Stich. Nichts ist wohl charakteristischer als das Zugeständnis, das noch vor 30 Jahren von Vintschgau in Hermanns „Handbuch der Physiologie" bei der Bearbeitung der Physiologie des Geruchssinnes ablegt (1880, Bd. 3 S. 225): Der Geruchssinn wird von Teilchen erregt, welche aus den riechenden Substanzen ausströmen. Unsere Kenntnisse über die riechenden Teilchen sind aber noch immer so geringfügig, daß wir wohl folgende Worte, welche Cloquet („Osphrasiologie oder Lehre von den Gerüchen." Aus dem Französischen übersetzt. Weimar 1824) vor mehr als einem halben Jahrhundert aussprach, mit voller Beruhigung unterschreiben können: „Unter allem, was auf unsere Sinne wirkt, sind die Dinge, welche den Geruch ansprechen, am wenigsten gekannt, obwohl ihr Eindruck auf unseren tierischen Haushalt stark und tief ist und sie gewissermaßen materieller sind als andere."

Heute hat sich die Sachlage zum Vorteil verändert namentlich infolge des schon eingangs erwähnten ausführlichen Werkes von Zwaardemaker. Dabei darf jedoch nicht übersehen werden, daß auch dieser Gelehrte nur den Geruchssinn des Menschen, nicht etwa den der Tiere, behandelt, so daß er beispielsweise uns über das Wittern der Hundenase keinen Bescheid erteilen kann.

Offizielle Vertreter der Wissenschaft gibt es also in der hier behandelten Frage nicht.

So wenig angenehm es mir ist, von meinen eigenen Leistungen zu sprechen, so zwingen mich doch die Verhältnisse bei dieser Sachlage dazu, meine zoologischen Arbeiten zu erwähnen. Denn der Jurist dürfte bei der Überfülle seiner eigenen Literatur schwerlich Zeit haben, sich noch mit naturwissenschaftlichen Büchern zu befassen. Da aus den Buchtiteln, die gewöhnlich der Verleger vorschlägt, wenig zu ersehen ist, was ein Buch enthält, so führe ich die Überschriften der behandelten Stoffe an.

Vorher möchte ich noch bemerken, daß ich vor fünf Jahren in dem Buche: „Ist das Tier unvernünftig?[1]) zum ersten Male das Wesen des Witterns erörtert habe (S. 67 ff.). Außerdem habe ich in eingehender Weise dargetan, daß bei den Tieren entweder das Seh- oder das Riechvermögen hervorragend entwickelt ist, nie aber beide Sinne gleichmäßig vorzüglich sind. Ich werde auf diese Ansicht ausführlich zurückkommen, da sie bei dem hier behandelten Thema eine große Rolle spielt.

Von den Praktikern, die meiner Anschauung beigetreten sind, will ich an dieser Stelle nur den leider so früh verstorbenen Gouverneur von Wißmann erwähnen, sowie den ausgezeichneten Jagdschriftsteller Oberländer. Ebenso hat Professor Schillings in seinem bekannten Buche: „Mit Blitzlicht und Büchse“, das

*) Franckhsche Verlagshandlung. Stuttgart 1904. Preis 2 Mk.

kurz darauf erschien, meine Einteilung in Augen- und Nasentiere übernommen. Von Theoretikern sei an dieser Stelle nur der bekannte Physiker Ernst Mach angeführt.

In dem erwähnten Buche sind folgende Themata behandelt:

1. Gute und schlechte Väter in der Tierwelt.
2. Hund und Katze.
3. Der Eigentumssinn der Tiere.
4. Der Geruchssinn der Bienen.
5. Die Zwecklosigkeit der Augenoperationen bei manchen wilden Tieren.
6. Warum fürchten sich die Raubtiere vor Feuer?
7. Warum fürchtet sich das Wild vor Lappen?
8. Die Kuh vorm neuen Tor.
9. Die angebliche Dummheit der Raupen.
10. Die verschiedene Wirkung von Naturzuständen auf Augentiere und Nasentiere.
11. Die „Post“ der Tiere.
12. Wechsel und Pässe der Tiere.
13. Warum bellt der Mops den Mond an?
14. Warum scheuen die Pferde?
15. Können Vögel wittern?
16. Können Naturvölker wittern?
17. Gute Kletterer sind schlechte Läufer und umgekehrt.
18. Horn- und Gebißtiere.
19. Der Kiebitz und seine Rolle beim Skatspielen.
20. Die Tiere und das schöne Geschlecht.

In den „Tierfabeln“ *) wird erörtert:

21. Können alle Tiere schwimmen?
22. Kommt Selbstmord bei Tieren vor?
23. Die Überschätzung der Schutz- und Trutzfarben.
24. Tapfere und feige Tiere.
25. Die Notwendigkeit der Existenz von Raubtieren.
26. Kommt Inzucht bei freilebenden Tieren vor?
27. Das Musikverständnis der Tiere.
28. Die Rundäugigkeit der Tiere, namentlich der Affen.
29. Weshalb verschlingen manche Wassertiere große Steine?
30. Die Fabel von Affenbrücken und dem Kreisbilden der Pferde.
31. Die Freundschaft zwischen Fuchs und Wolf. Die angebliche Dummheit des Wolfes.
32. Schläft der Hase mit offenen Augen?
33. Wie orientieren sich die Brieftauben?

In den „Streifzügen durch die Tierwelt“ **) wird behandelt:

34. Die Bedeutung der Schnurrhaare.
35. Tiere bei der Mahlzeit.
36. Feinschmecker in der Tierwelt.
37. Tiere als Tanzlehrer.
38. Einsiedler in der Tierwelt.
39. Gibt es vollkommene Tiere, insbesondere vollkommene Raubtiere?
40. Warum schreien angegriffene Tiere?

---

*) Ebenda 1905. Preis 1 Mk.

**) Ebenda 1906. Preis 1 Mk.

41. Die Widersprüche über die Gefährlichkeit mancher Bestien.
42. Wo sterben die Tiere?
43. Warum haßt der Hund die Katze?
44. Hund und Affe.
45. Der Eigentumssinn der Affen.
46. Der Geruchssinn der Pferde. Ein Beitrag zur Entstehung des Hippokrene-Mythos.
47. Eine merkwürdige „Angewohnheit“ mancher Pferde beim Trinken.
48. Pferde als Partikularisten. — Tiere als Politiker.
49. Wie trinkt der Wolf?
50. Bauen die deutschen Biber Kanäle?
51. Frecher Dachs. — Neugierig wie ein Affe.

„Straußenpolitik“ *) ist eine Fortsetzung der Tierfabeln und hat folgenden Inhalt:

52. Tiergestaltenverbesserer.
53. Schämen sich manche Tiere?
54. Der Respekt der Raubtiere vor den Menschen.
55. Können nur Herdentiere zu Haustieren gemacht werden?
56. Die angebliche Nervosität der Tiere.
57. Gibt es Tiere, die sich spiegeln?
58. Tiere als Heuchler.
59. Verstellungskünste bei Vogeleltern.
60. Straußenpolitik.
61. Wittern die Geier Tierleichen?
62. Die Schnepfe als angeblicher Mediziner.
63. Sichtotstellen als Rettungsmittel.

---

*) Ebenda 1907. Preis 1 Mk.

64. Das Wiedererkennungsvermögen bei Menschen und Tieren.

Das jetzt erschienene Buch: „Zärtliche Verwandte in der Tierwelt“*) enthält folgende Artikel:

65. Zärtliche Verwandte in der Tierwelt.
66. Liebestreue in der Tierwelt.
67. Die Tiere als Anhänger der Verwandtschaftsidee mit den Menschen.
68. Das Familienleben der Tiere.
69. Erziehungsprinzipien bei Menschen und Tieren.
70. Stehen Tiere einander bei?
71. Gibt es mitleidige Tiere?
72. Spiele in der Tierwelt.
73. Tiere im Schnee.
74. Necklust in der Tierwelt.
75. Aristokraten in der Tierwelt.
76. Der Wandertrieb der Tiere, insbesondere der Insekten.
77. Flieger und Steher in der Tierwelt.
78. Rachsucht in der Tierwelt.
79. Faulpelze in der Tierwelt.
80. Das Schuldbewußtsein der Tiere.
81. Gemeinsame Feinde der Menschen und der Anthropomorphen.
82. Sind Neger und Affen reine Vegetarier?
83. Graue Häupter bei Naturmenschen und Tieren.
84. Die angeblichen Hauptunterschiede zwischen Menschen und Tieren nach Schopenhauer.

*) München 1909. Verlag von Theodor Ackermann. Preis 2 Mk.

85. Warum ist der Mensch so spät, das Tier so früh entwickelt?
86. Warum fehlt dem Tier die Sprache?
87. Sind liederliche Nester ein Zeichen geringer Elternliebe?
88. Monogamie und Polygamie in der Tier- und Menschenwelt.
89. Warum ist die Löwin — nicht der Löwe — der angreifende Teil?
90. Können manche Tiere werfen?
91. Die Entstehung der Rechtshändigkeit.
92. Tiere im Nebel.
93. Besitzen die Tiere Schönheitssinn?
94. Adoptivkinder von Wölfen und Bären.
95. Haben Tiere ein Gottesbewußtsein?
96. Das Verständnis für Ursache und Wirkung in der Tierwelt.
97. Die Blinden und der sechste Sinn.
98. Können wir unser Leben künstlich verlängern?

Außerdem habe ich 1904 ein Buch veröffentlicht: „Das rechnende Pferd" *). Vor fünf Jahren war fast alle Welt davon überzeugt, daß der „kluge Hans" des Herrn von Osten wirklich rechnen könne. Im Gegensatz zur herrschenden Ansicht habe ich damals auf Grund eigener Beobachtungen den Standpunkt vertreten, daß das Pferd richtige Antworten mit Hilfe seines guten Gedächtnisses gab, das ja bei Pferden ausgezeichnet zu sein pflegt. Die heute von manchen Vertretern der Wissenschaft verfochtene Ansicht, daß

*) Berlin. Preis 1 Mk.

der Besitzer dem Hengste unwillkürlich Zeichen gegeben habe, muß ich aus dem Grunde für einen Irrtum erklären, weil ich mit eigenen Augen gesehen habe, daß das Pferd wiederholt bei seiner — übrigens richtigen — Antwort verblieb, während der Besitzer bzw. sein Vertreter eine andere Antwort haben wollte. Wie kann sich der Hengst in solchen Fällen nach den Zeichen seines Herrn gerichtet haben, wo dieser ein anderes Resultat als Antwort wünschte?

In dem Buche: „Unterscheidet das Tier Mann und Frau?"*) habe ich dargetan, daß, was Darwin und Brehm schon längst wissen, die männlichen Tiere unsere Frauen, die weiblichen uns Männer bevorzugen. Jeder Jäger weiß, daß eine Hündin weit anhänglicher ist als ein Rüde. Besonders ausgeprägt ist diese Vorliebe bei Affen und Papageien. Jedem Landwirt ist bekannt, daß ein Bulle sich viel leichter von einer Magd regieren läßt als von einem Knecht. Da die Kuh die Milch willkürlich verhalten kann, so hat der praktische Amerikaner und Engländer sowie auch der Schweizer recht, wenn bei ihm der Mann und nicht die Frau melkt. Bei uns gehen aus Unkenntnis dieses Zusammenhanges jährlich viele Millionen Liter Milch verloren, wenngleich auf großen Gütern allmählich Männer, sogen. Schweizer, die Mägde verdrängen. Leider hat das Buch nicht die Beachtung gefunden, die es wegen seiner praktischen Bedeutung verdiente.

Außer diesen Büchern habe ich noch zahllose

*) Berlin 1908. Verlag von Hermann Ehbock. Preis 1 Mark.

naturwissenschaftliche Artikel veröffentlicht, die bisher in Buchform noch nicht erschienen sind*).

---

*) Meine Homerforschungen gehören nur zum Teil hierher. Deshalb will ich mich über diese möglichst kurz fassen.

Während bei unseren modernen Dichtern Tiervergleiche fast stets Irrtümer aufweisen, hat Homer bei seinen zahllosen Tiervergleichen nur etwa drei, die zu beanstanden sind. Diese können obendrein falsch überliefert sein. Das ist im hohen Grade auffallend, denn zur Zeit des alten Sängers gab es keine zoologischen Werke oder Gärten, wo er sich hätte Belehrung holen können. Nur einige Proben von den naturwissenschaftlichen Kenntnissen Homers seien hier angeführt. Er kennt die Lebensweise des Löwen genau, z. B., daß er zur Nachtzeit auf Raub ausgeht (Ilias 11, 173 u. a.). Während noch heute viele Leute darauf schwören, daß der Wolf im Gegensatz zum Hunde das Wasser wie ein Schaf säuft, weiß er bereits, daß er genau wie ein Hund das Wasser schlappt. (Ilias 16, 161.) Das von Odysseus gegen bissige Hunde angewandte Mittel des Sichsetzens (Odyssee 14, 31) empfiehlt Daniel Schlatter (Bruchstücke aus Reisen, 1836, S. 346) als das wirksamste gegen die tatarischen Hunde usw. Hiermit vergleiche man moderne Dichter. Bei Freiligrath (Löwenritt) fliegt der Geier, dieser ausgeprägte Tagraubvogel, in der Nacht herum; bei Kinkel (Otto der Schütz) hämmert der Specht ausgerechnet die Birken, obwohl diese die insektenfreiesten Bäume sind; bei Lenau (Die Werbung) geht das Wild abends in den Wald, während es umgekehrt dann austritt usw. Dabei braucht ein Dichter unserer Zeit nur ein zoologisches Buch aufzuschlagen oder einen der zahllosen Jäger zu fragen.

So liegt denn die Vermutung sehr nahe, daß den homerischen Berichten Tatsachen zugrunde liegen, die nur nach Jäger- und Schifferart stark übertrieben sind. Hatten doch die Phönizier vor ihm die großen Seereisen bis zum Äquator und nach England unternommen. Wie ich in meinem Buche: „Polyphem ein Gorilla“ (1901, Preis 2,50 Mk.) nachweise, ist die Grundlage des Berichts ein Zusammentreffen von Seefahrern

Speziell über den Polizeihund habe ich mehrfach geschrieben, auch über deren Prüfungen wiederholentlich berichtet. Daß ich bereits vor Professor Groß darauf aufmerksam machte, daß die feine Nase der Tiere zur Entdeckung von Verbrechen geeignet sei, habe ich bereits erwähnt. Meine Legitimation zur Sache dürfte also vorhanden sein.

---

mit dem riesigen, menschenähnlichen Affen an der afrikanischen Küste. Was nämlich Darwin und alle anderen Gelehrten trotz der sorgsamsten Vergleiche des Menschen mit den Affen übersehen haben, ist die Tatsache, daß der Gorilla kein Menschen- sondern ein rundes Auge besitzt. Hierauf habe ich zuerst hingewiesen, ebenso darauf, daß Homer ihn richtig als cyclops, d. h. kreisäugig bezeichnet. Die Vorliebe der Affen für geistige Getränke ist bekannt, ferner das entsetzliche Brüllen (Polyphem-Brüller). Darwin betont das Einzelleben des Gorilla, das auch Homer schildert. Die Menschenfresserei ist entweder eine Verwechselung mit dem an der Küste herrschenden Kannibalismus der Schwarzen, oder Homer wußte schon das, was ich vor zwei Jahren zuerst von Herrn Hauptmann Dominik erfuhr, als dieser in Berlin weilte. Hauptmann Dominik hat zum ersten Male in Kamerun ausgewachsene Gorillas eingefangen, worüber ich in der Gartenlaube (1907, Nr. 41) berichtet habe. Nach ihm frißt der Gorilla in der Tat gern Menschenfleisch. Die Bezeichnung des riesigen Affen als wilden Menschen ist bei Homer ganz natürlich, da er Affen nicht kennt. Heißt ja auch Orang-Utan zu deutsch: Waldmensch.

Die Kenntnis des Gorilla geht auch aus dem Gorgonenmythus hervor, ja das Wort Gorilla ist nur durch einen Schreibfehler entstanden. Man las Gorillas statt Gorgadas (*ΓΟΡΙΛΛΑΣ* statt *ΓΟΡΓΑΔΑΣ*). An anderer Stelle habe ich diesen Mythus wie auch die anderen ausführlich erklärt. Ich hoffe, endlich meinen Plan ausführen zu können und die gesamten Erklärungen der Homermythen in Buchform zu veröffentlichen.

So bin ich bereits vor drei Jahren von einem österreichischen Untersuchungsrichter, der ein Verehrer meiner Bücher ist, um ein Gutachten in einer Mordsache gebeten worden. Es handelte sich um die Frage, was aus dem Verhalten des Haushundes in und nach der Mordnacht zu schließen wäre.

Ebenso hat der Rektor der Tierärztlichen Hochschule, Professor Dr. Schmaltz, einen Major, der sich Eigentümlichkeiten seines Hundes nicht erklären konnte und sich deshalb an verschiedene zoologische Autoritäten wandte, an mich verwiesen als den „bekannten trefflichen Tierforscher".

Auch Direktor Gersbach, der Verfasser des eingangs erwähnten Buches, den ich leider vielfach bekämpfen muß, hat mir dieses Buch mit Worten der größten Anerkennung gewidmet.

Trotzdem würde ich nicht das Wort ergriffen haben, wenn nicht in dem Mordprozesse Woldenberg, bei dem Polizeihunde tätig waren, der Sachverständige Gersbach ein Gutachten abgegeben hätte, das m. E. unzutreffend war. Ich habe bereits in einem Artikel der Vossischen Zeitung (v. 26. Mai 1909) meine abweichende Ansicht kurz geäußert. In diesem Buche soll sie ausführlich begründet werden (vgl. S. 148).

Da es sich um wissenschaftliches Neuland handelt, so habe ich, um mich der größten Vorsicht zu befleißigen, folgenden Weg eingeschlagen. Unzweifelhaft sind die Personen, die das meiste vom Wesen des Witterns verstehen, die Jäger. Deshalb habe ich die Grundgedanken dieses Buches in einer Artikelreihe in der

Deutschen Jägerzeitung (Nr. 50, Bd. 52 ff.) vor zwanzigtausend Jägern vorgetragen. Ein beachtenswerter Widerspruch ist mir bis heute nicht zu Gesicht gekommen.

Drittes Kapitel.

Welche Tiere können wittern?

Im ersten Kapitel war darauf hingewiesen, daß uns der Hund beim Aufspüren des Wildes seit uralter Zeit unersetzliche Dienste leistet. Da auch andere Tiere eine unglaublich feine Nase besitzen, z. B. Wölfe, Füchse, Bären, Schweine, Hirsche, Rehe usw., so schien die Ansicht ganz begründet zu sein, daß alle Tiere wittern können.

Im besonderen Einklange stand diese Anschauung mit der Lehre Darwins, wonach jedes Geschöpf ein Produkt der Auslese ist, die durch den Kampf ums Dasein naturgemäß hervorgerufen wird.

Bei aller Hochachtung vor Darwin war es mir unmöglich, seine Theorie als richtig anzuerkennen, da zu viele Einzelheiten mit ihr unvereinbar sind. Wenn irgendein Tier Feinde hat, so ist es beispielsweise unser Hase. Alle Hasen mit schlechten Augen müßten hiernach längst ausgerottet und nur solche mit guten übriggeblieben sein. In Wirklichkeit liegt die Sache ganz anders. Jeder Jäger erlebt es, daß noch heute der Hase direkt auf ihn zuläuft, wenn er keinen Wind von ihm hat. Das blöde Auge des Hasen ist ja mit Recht sprichwörtlich.

Ausschlaggebend wurde für mich die nähere Beschäftigung mit den Affen. Immer wieder muß ich deren scharfes Auge bewundern, das den Wärter auf unglaubliche Entfernungen erkannte. Das machte mich um so mehr stutzig, als ich gerade bei Hunden mich immer wieder darüber wundern mußte, wie schlecht sie eine Person erkennen, wenn sie lediglich auf das Gesicht angewiesen sind.

Nach der herrschenden Ansicht nahm ich damals als ausgemachte Wahrheit an, daß Affen wittern können. Zu meiner Überraschung fanden sie aber niemals durch den Geruch ihre Lieblingsspeise. Der Schimpanse suchte z. B. stets erst in den falschen Taschen, ehe er die ersehnte Schokolade oder Apfelsine fand.

So lag die Idee nahe, daß ein Zusammenhang zwischen Sehen und Riechen besteht, wie ich ihn in meinem Buche: Ist das Tier unvernünftig? formuliert habe: Je besser die Augen eines Geschöpfes sind, desto schlechter ist seine Nase. Dieser Satz gilt auch umgekehrt. Je besser die Nase eines Tieres ist, desto schlechter sind seine Augen.

Aus diesem Grunde haben Vögel die klarsten Augen und die trockensten Nasenlöcher. Umgekehrt haben die besten Witterer — das sind die Tiere mit beweglicher Nase, also Elefanten, Tapire, Wildschweine, Maulwürfe — die blödesten Augen.

Schon äußerlich ist dieser Unterschied ganz auffallend. Paviane haben z. B. eine große Ähnlichkeit mit Hunden, weshalb schon die alten Griechen eine Art Hundsköpfe nannten. Trotzdem nun bei den

Affen auf dem riesigen Gebiß der schönste Platz für eine nervenreiche Nase wäre, ist diese klein und trocken, während ihre Augen stechend sind. Dagegen hat unser Hund das unbestimmte Auge aller schlechtsehenden Tiere, wie es uns ja bei Pferden, Rindern usw. auffällt.

Recht beweisend für die Richtigkeit meiner Ansicht sind die verschiedenen Hunderassen. Der Windhund sieht am besten, hat aber auch dafür den schwächsten Geruch.

Ich mußte hier auf meine Theorie zu sprechen kommen, weil ich nur auf diesem Wege auseinandersetzen kann, weshalb ich von der Nase des Schäferhundes nicht allzuviel halte. Auch bei ihm haben sich die Augen auf Kosten der Nase entwickelt.

Ich persönlich bin ein ausgesprochener Verehrer des deutschen Schäferhundes und würde ihn lieber loben als bemängeln (vgl. S. 141). Auch wünsche ich im Interesse des unermüdlichen Vorsitzenden des Vereins für deutsche Schäferhunde, Rittmeisters von Stephanitz, daß die fortwährende Übung der Nase bei dieser Hunderasse eine rückbildende Wirkung hervorruft.

Genau genommen ist die vorhin erwähnte Formulierung nicht ganz zutreffend, sondern muß eigentlich lauten, daß bei allen Tieren die Summe der Sinne gleich groß sei. So wird z. B. bei den riechunfähigen Walen der mangelnde Geruch durch ein fabelhaft feines Gefühl, ferner bei den Fledermäusen das beinahe fehlende und bei den Blindmäusen das gänzlich fehlende Gesicht nicht nur durch eine hervorragende

Nase, sondern obendrein durch ein feines Gefühl ersetzt. Da mein Buch aber in erster Linie für Jäger berechnet war, die diese Tiere nicht kennen, und da ferner die genaue Formulierung nur von den wenigsten verstanden wäre, so habe ich den zwar ungenauen, aber leicht verständlichen Fundamentalsatz gewählt.

Nachdem meine Theorie eine Zeitlang bekämpft worden ist, hat sie jetzt in den angesehensten Jägerzeitungen Anerkennung gefunden.

Ich darf sie wohl jetzt als unbedingt richtig hinstellen, seitdem ich mich überzeugt habe, daß bereits vor vielen Jahren ein Gelehrter die gleichen Unterschiede gemacht hat. Wm. Turner hat nämlich, indem er die Brocasche Klassifikation modifizierte, die Säugetiere eingeteilt in makrosmatische, mikrosmatische und anosmatische (vgl. X. Internationaler Medizinischer Kongreß, Berlin 1890, 1. Abteilung, S. 9). Die riechunfähigen Wale sind anosmatisch. Der Mensch gehört zu den mikrosmatischen Geschöpfen, d. h. zu den Stumpfriechern, die ich als Augentiere bezeichne. Der Hund ist makrosmatisch, d. h. ein Weitriecher oder, wie ich sage, ein Nasentier.

Das Resultat, wozu ich auf Grund jahrelanger Beobachtungen gelangt bin, ist also das gleiche, wozu die Medizin schon früher auf Grund der vergleichenden Anatomie und Physiologie gelangt war. Diese Übereinstimmung bürgt wohl für die Richtigkeit der Theorie.

Für mich war das Ergebnis deshalb vorauszusehen, weil ich der unbedingten Überzeugung bin, daß das Gesetz der Sparsamkeit oder der Aufwendung der geringsten Kraft im Haushalte der Natur herrscht. Jedes Geschöpf bekommt nur so viel mit, als zu seiner Existenz notwendig ist. Darwin erklärt viele Mängel ganz unzureichend, z. B. weshalb der Strauß nicht fliegen kann. Die Antwort des Sparsamkeitsgesetzes lautet: Erhältst du vorzügliche Beine zum Laufen, so ist das Fliegen überflüssig. Damit steht im Einklange die goldene Regel: Jedes Tier hat eine Stärke, sonst wäre es ausgerottet, und es hat umgekehrt eine Schwäche, sonst wären seine Feinde verhungert.

Deshalb hat auch der Hase blöde Augen und wird sie noch nach Millionen Jahren haben, weil sonst das zahllose Heer seiner Feinde nicht genügend zu fressen hätte.

Wenn ich also in diesem Punkte Darwin entgegentreten mußte, so bin ich doch in anderer Hinsicht ihm gefolgt.

Da keiner der zahlreichen Kritiker meines Buches sich hierüber klar geworden ist, so möchte ich kurz darauf hinweisen.

Kopernikus hat den ungeheuren Fortschritt in der Erkenntnis durch die Befreiung vom anthropozentrischen Standpunkt erreicht. Der Mensch betrachtet eben alles durch sein kleines Schiebefenster und hält seine winzige Persönlichkeit überall für den geborenen Mittelpunkt. Kopernikus aber erkannte: Die Erde ist nicht d e r Planet, sondern e i n Planet. Darwin ging einen Schritt weiter und sagte: Der Mensch ist nicht d a s Geschöpf, sondern e i n Geschöpf.

Als ich mir darüber klar war, sagte ich mir — wenn es gestattet ist, sich mit solchen Geisteshelden in einem Atemzuge zu nennen — daß man auf dieser betretenen Bahn fortschreiten müsse. Wir alle, selbst Darwin, sind der Ansicht, daß die Sinnesorganisation des Menschen, wobei das Auge der wichtigste, die Nase ein unwichtiger Sinn ist, die Sinnesorganisation sei, während sie in Wahrheit nur eine Sinnesorganisation ist.

Nur nebenbei möchte ich hierzu folgendes bemerken: Ich brauche wohl nicht erst zu betonen, daß die Bekämpfung des anthropozentrischen Standpunktes mit religionsfeindlichen Bestrebungen nichts zu tun hat. Der einfache Mann wußte schon längst, daß es außer seiner noch eine andere Sinnesorganisation gab, man denke z. B. an die Kunstgriffe der Ungarn, dieser geborenen Reiter, bei ihren Pferden (vgl. Ist das Tier unvernünftig? S. 183). Auch bei unseren Landleuten gilt z. B. die Regel, daß man neues Dienstpersonal dadurch am besten vor bissigen Hunden schützt, daß man es in den Betten der früheren Leute schlafen läßt. Daß unsere Gelehrten über solche Vorschriften lachen, ändert nichts an der Tatsache, daß sie für Nasentiere vollkommen zweckmäßig sind. Daß die Kenntnis dieser anderen Sinnesorganisation von Pferden und Hunden jemals die religiösen Anschauungen der Landbewohner beeinträchtigt hätte, habe ich nicht beobachten können. — Ich persönlich stehe auf dem Standpunkt, daß das Bestreben, in die Geheimnisse der Natur einzudringen, uns immer wieder mit ehrfurchtvollem Staunen vor ihrer Weisheit erfüllt. Beim Bau der Nase werden wir beispielsweise hiervon eine Probe erhalten (vgl. S. 72).

Augentiere, d. h. Menschen, Affen, Vögel usw. haben von der Welt einen vollkommen anderen Eindruck als Nasentiere, d. h. Hunde, Pferde, Rinder usw. Was Shakespeare Hamlet sagen läßt:

Es gibt mehr Ding' im Himmel und auf Erden,
Als Eure Schulweisheit sich träumt, Horatio!

ist selbstverständlich vollständig richtig. Uns Menschen entgeht ja fast vollkommen die ganze Welt der Gerüche, in der die Nasentiere leben. Deshalb verstehen sich auch Mensch und Hund so wenig. Für das Nässen an den Ecken, das jeder Hund mit Vorliebe tut, hat der kluge Mensch nur ein Gelächter, während es in Wirklichkeit eine der weisesten Einrichtungen der Welt ist, durch die sich die Tiere benachrichtigen. Ich habe diese „Post der Tiere" in meinem Buche ausführlich behandelt. Als Augentiere sehen wir Menschen uns ins Gesicht, weil dieses für das Auge der interessanteste Körperteil ist. Für die Nase sind aber umgekehrt After und Geschlechtsteile wegen ihres speziellen Duftes am interessantesten. Deshalb schauen sich zwei Hunde, die sich begegnen, nicht an, sondern beriechen ihr sogenanntes Nasengesicht. Diese vom Standpunkte des Nasentieres aus vollkommen zweckmäßige und einleuchtende Handlungsweise belächeln wir klugen Menschen, weil wir eben alles von unserm kleinen Schiebefenster aus betrachten.

Anstatt nun einzugestehen, daß es ungeheuer bedauerlich ist, daß wir nicht, wie die Nasentiere, beispielsweise verborgenes Wasser oder verirrte Kinder finden können, äußern sich selbst unsere größten Geister, z. B. ein Kant, in der unglaublichsten Kurzsichtigkeit über diesen Sinn. Gewöhnlich heißt es, daß man schon sowieso viel Unangenehmes riechen muß, so daß man froh sein müßte, nicht noch feiner riechen zu können.

Auch hier macht sich wieder der unglückselige anthropozentrische Standpunkt geltend. Weil uns Fäkalien, Aas usw. entsetzlich duften, nehmen wir bei Tieren sofort das gleiche an, obwohl der bestgezogene Hund mit Wonne über dergleichen Dinge herfällt und uns dadurch belehrt, daß sie ihm lieblich riechen. Wie sollte es auch anders sein? Der Hund ist von Hause aus Aasfresser, da er mit seinen Vettern und den Geiern dazu bestimmt wurde, die Erde von Leichenteilen zu säubern. Die naturgemäße Nahrung riecht aber jedem Tiere gut.

Schilt man jedoch einen Sinn schon deshalb, wenn er uns etwas Unangenehmes meldet, dann hat die Erblindete nicht so unrecht, die sich kürzlich in einem Blatte etwa folgendermaßen äußerte: „Ich klage mein Schicksal nicht an, denn ich habe mit gesunden Augen so viel Ekelhaftes gesehen, daß ich keine Sehnsucht danach empfinde, wieder sehend zu werden."

Da uns also die ganze wunderbare Welt der Gerüche fast gänzlich verschlossen ist, so kennen wir von der Wirklichkeit nicht alles — wie wir in unserer Bescheidenheit annehmen — sondern nur die eine Hälfte oder genauer einen Teil. Weil ein anderer Teil den Nasentieren bekannt ist, deshalb leisten sie Dinge, die wir ihnen nicht nachmachen können. Darauf beruht in letzter Linie die Fähigkeit des Polizeihundes zu seinen wunderbaren Leistungen.

Dabei spottet das, was selbst unsere stumpfe Nase an Gerüchen wahrnimmt, jeglicher Vorstellung: So genügen nach neueren Untersuchungen von Brom $^1/_{600}$ mg, von Schwefelwasserstoff weniger als $^1/_{5000}$, von Moschus weniger als $^1/_{2\,000\,000}$, von Chlorphenol $^1/_{46\,000\,000}$, von Merkaptan $^1/_{460\,000\,000}$ mg zur Erzeugung einer Geruchsempfindung. Berthelot berechnete für Jodoform $^1/_{100\,000\,000\,000\,000\,000}$ g, und Moschus soll noch tausendmal leichter wahrnehmbar sein.

Nur wenn wir uns vergegenwärtigen, daß so unglaublich kleine Teilchen genügen, sich unserer Nase bemerkbar zu machen, wenn wir ferner berücksichtigen, daß die Nase des Hundes noch unendlich feiner ist, dann erhalten wir eine Vorstellung vom Wesen des Witterns. Jeder Körper, selbst solche, die nach unserer Ansicht geruchlos sind, strömt unausgesetzt Duftmoleküle aus, die sich in der Umgebung verbreiten oder vom Winde fortgetragen werden. Nicht nur Lichtstrahlen existieren in der Welt, sondern auch ungezählte Duftmoleküle. Als Augentier hat sich der Mensch eigentlich nur um die erstgenannten bekümmert, ja, er möchte am liebsten behaupten, es gäbe nur diese. Der Wunsch jedoch, die Tätigkeit des Polizeihundes zu verstehen, zwingt uns dazu, daß wir uns mit dieser so auffallend vernachlässigten Welt der Duftmoleküle eingehend beschäftigen.

Wie ich schon früher erwähnte, hat die feine Nase des Fuchses auf verschiedene Mordtaten aufmerksam gemacht. Auch Pferde haben das getan, wie schon der alte Spruch lautet: Pferde und Rinder gehen über keine Schwelle, unter der ein Toter liegt.

Aus Unkenntnis stempeln unsere Gelehrten diese ganz richtige Behauptung zu einem „Aberglauben".

An sich wären wir also nicht gerade auf den Hund als Fährtensucher angewiesen. Das Schwein hat unzweifelhaft eine noch feinere Nase als der Hund. Mindestens ebenso fein wie die Nase des Schweines ist die des Elefanten. Doch wird man trotzdem immer bei dem Hunde bleiben, weil er andere unersetzliche Vorzüge besitzt.

Ganz in Übereinstimmung mit meiner Ansicht äußert sich Zwaardemaker gleich in der Einleitung. Vorher möchte ich noch bemerken, daß sich bereits Buffon in ähnlicher Weise ausgesprochen haben soll.

„Vermöchte der Mensch sich in den Gedankenkreis eines osmatischen Säugetiers zu versetzen, so würde er ohne Zweifel Vorstellungen ganz anderer Art begegnen als jenen, in welchen sein eigenes Denken sich bewegt. Unsere zusammengesetzten Gesichtsvorstellungen, so ungemein plastisch infolge des binokulären Sehens, die verwickelten Klangvorstellungen, worin uns die Macht der Sprache fühlbar wird, sie mangeln den Tieren fast gänzlich, und an deren Stelle tritt eine wunderbare Welt von Geruchsvorstellungen, reichhaltiger und vielfältiger, als wir sie zu bilden imstande sind. Sie beherrschen die Tierseele vermutlich in derselben Weise, wie uns die durch Auge und Ohr vermittelten Eindrücke. Und kein Wunder, denn sie sind innig mit den zwei für das Tier wichtigsten vitalen Forderungen verbunden: der Ernährung und dem Geschlechtstriebe."

„Daß der Geruch in der Tat von so hoher Bedeutung im Seelenleben der bei weitem größeren Mehrzahl der Säugetiere sei, erhellt mit Sicherheit aus der vergleichenden Anatomie und Physiologie, namentlich aus der mächtigen räumlichen Entwickelung des ihm im Zentralnervenorgane zugewiesenen Bezirks. Der Bulbus und der Tractus olfactorius bilden einen besonderen Riechlappen, der Gyrus hippocampi und das Ammonshorn zeigen eine reichliche Entfaltung. Im Vergleiche mit einer solchen Formentwickelung ist unser Riechapparat nur ein rudimentäres Organ. Das Zentrum ist klein, gleiches ist der Fall mit dem winzigen peripherischen Apparat, welcher von dem kleinen, schmalen, verkürzten menschlichen Siebbein umschlossen wird."

„Es läßt sich nicht verkennen, daß, indem die infolge der aufrechten Haltung frei gewordenen vorderen Gliedmaßen zu mannigfaltig dienstbaren Werkzeugen sich umgestalteten, indem die Entwickelung der Sprache eine außerordentliche Oberflächenvergrößerung des Großhirns erforderte und dementsprechend die Hirnlappen sich mehr und mehr ausbildeten, der Umfang des Olfaktoriuszentrums sich verkleinerte. Auge und Ohr wurden zu Hauptsinneswerkzeugen; der Geruchssinn trat zurück und ist nur deshalb noch von Wichtigkeit für die Physiologie des Menschen, weil bei keinem anderen Sinnesorgan die Empfindung in so enger Beziehung zu der Art des Stoffes steht, welcher den Reiz hervorbringt."

Zwaardemaker betont ferner, daß genau wie beim Menschen so auch beim Affen die vergleichende Anatomie und Physiologie den Nachweis liefert, daß sein

Geruchsorgan verkümmert sei. Auch Professor Klaatsch hat darauf hingewiesen, daß beim Affen — genau wie beim Menschen — die Entwickelung der Augen auf Kosten der Nase vor sich gegangen ist.

Diese Feststellung, daß es Menschen mit Hundenasen nicht gibt und nicht geben kann, ist deshalb von so großer Bedeutung, weil andernfalls der Polizeihund am besten durch einen witternden Naturmenschen ersetzt werden könnte. Mit einem Menschen — und stände er auf der niedrigsten Stufe — könnten wir uns immer noch besser verständigen als mit einem Tiere, dem die Sprache fehlt.

So können wir uns auch mit dem Hunde von allen Tieren am besten verständigen und wählen ihn deshalb als Gehilfen, wenngleich er nicht die feinste Nase besitzt. Auch fehlt dem Pflanzenfresser gewöhnlich das Interesse für die menschliche Spur, das der Hund wenigstens für die seines Herrn besitzt. Damit er auch die von fremden Personen verfolge, wird er gewöhnlich von solchen gereizt, die dann entfliehen und sich verbergen.

Viertes Kapitel.

Das Wesen des Witterns.

Die Welt der Duftmoleküle ist, wie wir schon früher betonten, von der offiziellen Wissenschaft sehr stiefmütterlich behandelt worden. Hieraus erklärt sich auch, daß selbst in den neuesten Auflagen der Konversationslexika Irrtümer enthalten sind. Man liest dort (unter „Geruch“), daß am schärfsten der Geruchssinn der Sumpfvögel sei, obwohl diese, wie alle Vögel, gar nicht wittern können. Weiter heißt es:

„Bei den Säugetieren ist der Geruchssinn weit entwickelter als beim Menschen; so äußern auch viele von ihnen Zeichen einer ungemein hohen Ausbildung dieses Sinnes. Man unterscheidet die Säugetiere hinsichtlich des Geruchssinnes in solche, die spüren, und solche, die wittern. Beim Spüren wird die Luft willkürlich eingezogen, und es geschieht mehr in der Nähe; das Wittern wird mehr durch Einströmen der vom Winde getriebenen Luft in die Nasenlöcher erregt und wirkt mehr in die Ferne. Spürende Tiere sind besonders die Raub- und Nagetiere. Zu den witternden gehören die Wiederkäuer, Dickhäuter und Einhufer.“

Wer da behaupten würde, daß ein Mensch, der gewöhnlich Nahes besieht, also ein Gelehrter, Schneider, Schuhmacher usw. nicht imstande sei, die Sterne zu betrachten, der würde für geistig krank gehalten werden. Und doch beruht die Einteilung in spürende und witternde Tiere genau auf demselben Nonsens. Jedes spürende Tier kann auch wittern und umgekehrt. In meinem vorhin zitierten Buche schreibe ich (S. 71): Im übrigen sei noch darauf hingewiesen, daß Spüren und Wittern begrifflich nicht verschieden sind. Das eine bezieht sich auf das Riechen naher, das andere auf das Riechen ferner Gegenstände. Das Lesen und das Ausschauen im Mastkorb ist in gleicher Weise durch die Weite der Entfernung verschieden, beides geschieht aber allein durch die Augen.

Wie kommt man zu dieser grundverkehrten Einteilung? Einfach deshalb, weil die Pflanzenfresser nur ausnahmsweise spüren, denn die Pflanzen laufen nicht und hinterlassen deshalb keine Fährten, dagegen winden die Pflanzenfresser regelmäßig, um einen anschleichenden Feind rechtzeitig wahrzunehmen. Natürlich müssen sie zu den Nasentieren gehören, denn die Affen können weder wittern noch spüren, wovon ich mich wiederholentlich überzeugt habe. Auch die Giraffe ist ein Augentier, was man schon aus der Höhe ihrer Nase schließen muß, die nur mit Mühe an die Erde gebracht werden kann. Sucht ein Pflanzenfresser ein Weibchen, so spürt er genau wie ein Raubtier, wie man das bei Rammlern häufig genug beobachten kann. Umgekehrt können nicht alle Raubtiere spüren, z. B. nicht die zahlreichen Vertreter der Katzenarten. Eine mit der Nase spürende Katze, Luchs, Löwe, Tiger usw. existiert nur in der Phantasie.

Einer der wenigen Gelehrten, die sich mit dem Wesen des Witterns befassen, ist der bekannte Zoologe Professor Gustav Jäger. Ich unterschreibe absolut nicht alles, was Jäger behauptet hat, insbesondere kann ich mich in keiner Weise für seine Seelenriecherei erwärmen — auch in dieser Arbeit muß ich ihm in manchen Punkten entgegentreten — aber seine Gedanken hätten mehr Beachtung bei der Mitwelt finden sollen. Über das Wesen des Witterns schreibt er in seinem Buche „Die Entdeckung der Seele“ folgendes (3. Aufl. I S. 49):

„Betrachten wir nun die Duftstoffe an und für

sich und legen uns die Frage vor, ob das, was wir von ihrer Natur wissen, sie zu der ihnen hier zugegeteilten Rolle befähigt. Hier glaube ich folgendes anführen zu dürfen."

„Das Charakteristische ist ihre große Flüchtigkeit, was wir nur so erklären können, daß ihre Atombewegungen äußerst lebhaft sind und sie dadurch über große Triebkräfte verfügen. Das macht sie unstreitig geschickt, das treibende Element im Körper zu bilden. Auch von der physiologischen Wirkung der Düfte wissen wir, daß sie alle in kleinsten Mengen energisch erregend, reizend wirken."

„Das Wichtigste scheint mir die merkwürdige Spezifität ihrer Wirkung auf den Geruchssinn zu sein. Hier tritt uns aber sofort die ganze Dürftigkeit unseres Wissens entgegen. Was der Schall und das Licht ist, wodurch sich ein Ton vom anderen, eine Farbe von der anderen unterscheidet, das wissen wir: es sind regelmäßige Schwingungen in verschiedener Schwingungszahl. Wir können auch leidlich erklären, wie es kommt, daß wir mit unseren Sinneswerkzeugen Töne und Farben unterscheiden, aber was ist ein Geruch, und wie kommt es, daß wir verschiedene Gerüche unterscheiden können?"

„Daß die Erregung unserer Riechorgane durch den Riechstoff keine einfach chemische Reaktion ist, geht schon daraus hervor, daß wir nichts riechen, wenn sich die mit dem Riechstoff beladene Luft nicht in unserer Nase bewegt. Ich schließe daraus und aus der großen Flüchtigkeit der Stoffe, daß es sich beim Riechen um die Wahrnehmung eigenartiger feinster

Bewegungen handelt, ähnlich wie beim Hören und Sehen, aber die Bewegungen sind andersartig. Das Charakteristische für Töne und Farben ist, daß sie eine Skala bilden (hohe und niedrige Töne, stark und schwach brechbare Farben), daß sie in ziffermäßigen Relationen (Oktaven, Terzen usw.) stehen und sich bloß quantitativ unterscheiden. Das alles ist bei den Düften nicht der Fall. Wir kennen keine Skala für Düfte, die Unterschiede sind hier nur qualitativ."

„Ich glaube an einem Bilde am besten zeigen zu können, wie ich mir die Duftbewegung vorstelle. Die Gerüche gleichen verschiedenen Tonmelodien, zwischen denen wir ja auch keine quantitativen, sondern nur qualitative Differenzen unterscheiden, und bei denen eine ähnliche wirre, bunte und regellose Mannigfaltigkeit möglich ist."

„Wir können uns nun eine Melodie verkörpern: dies ist in den Spieluhren geschehen, wo auf einer Walze in verschiedenen Distanzen nach Länge und Umfang Stifte vorstehen, die in einer ganz beliebig wählbaren, jede Unregelmäßigkeit wie jede Regelmäßigkeit zulassenden Zeitfolge die verschiedenen Töne hervorbringen, sobald die Walze rotiert."

„Die Physik lehrt uns nun, daß die Moleküle eines wägbaren Stoffes zweierlei Arten von Bewegung ausführen:

1. Bewegungen im Raum von einem Ort zum anderen: dieselben erfolgen mit einer regelmäßigen Pendelung oder Rotierung und machen sich uns fühlbar als Schall, Licht und Wärme.

2. Rotationen um die eigene Achse, wie die Walze in einer Spieluhr, und diese erkläre ich für das Objekt des Geruchs- und Geschmackssinnes, und zwar darum:

„Die Moleküle einer chemischen Verbindung bestehen aus einer Mehrzahl von Elementatomen von äußerster Komplikation in Zahl und Stellung. Denken wir uns jetzt das Molekül eines Duftstoffes als rotierende Walze einer Spieluhr und die Atome als die Stifte derselben, d. h. als die Punkte, von denen die Reizstöße auf die Riechnerven ausgehen, so erhalten wir, ähnlich wie bei Schall- und Lichtwellen, eine Reihenfolge von Anstößen; aber während bei einem Ton und einem Lichtstrahl diese Anstöße in ganz genau denselben Zeitabschnitten sich wiederholen, und jeder folgende Stoß qualitativ derselbe ist, wie der vorhergehende, können, ja müssen die Atomstöße bei den Düften der Zeit nach durchaus unregelmäßig erfolgen, und da die Atome verschiedenartig sind (bei den Duftstoffen: Kohlenstoff- und Wasserstoffatome oder diese plus Sauerstoff- oder gar noch plus Stickstoffatome), so setzt sich die Reihenfolge auch noch aus qualitativ verschiedenartigen Anstößen zusammen (Kohlenstoffstößen, Wasserstoffstößen usw.), so daß die Ähnlichkeit mit der Leistung einer Uhrenwalze noch größer wird. Ein Duft ist wie eine Musik, nicht wie ein Ton."

Daß die wissenschaftliche Behandlung des Gegenstandes nicht so dürftig ist, wie Jäger annimmt, wird sich sogleich zeigen. Zunächst möchte ich die Arbeit des Professors Wilhelm Hack erwähnen, der 1885 eine populäre Vorlesung über „Riechen und Geruchsorgan“ drucken ließ. Mir ist diese kleine Schrift von 40 Seiten erst in diesem Jahre zu Gesicht gekommen. Um so erstaunter war ich, als ich hier denselben Vergleich, den ich vor fünf Jahren in meinem Buche: „Ist das Tier unvernünftig?“, nämlich den Vergleich der einzelnen Gerüche mit den einzelnen Farben, aufgestellt hatte, wiederfand. Ich schrieb nämlich damals (S. 70):

Mehr als durch den Jägerschen Vergleich, scheint mir, wie ich schon früher auseinandergesetzt habe, das Verständnis für das Geruchsvermögen der Tiere dadurch erleichtert zu werden, wenn wir uns die Eigentümlichkeit der Farbenblindheit vorstellen. Der Farbenblinde sieht nicht schlechter, aber da z. B. der Rotblinde beim Erdbeersuchen die reifen Erdbeeren ebenso sieht wie wir die unreifen grünen, so ist es leicht erklärlich, daß er vergeblich sucht, wo der Normalsichtige sofort zugreift. Dieselbe Eigentümlichkeit liegt auch wohl beim Unmusikalischen vor, der tontaub ist, d. h. die Unterschiede, die der Musikalische sofort erkennt, nicht wahrnimmt, obwohl der Unmusikalische an sich vorzüglich hören kann. Wenn wir uns nun vorstellen, daß jemand auf einem Plan eine rote Linie verfolgen soll, z. B. auf einer Schiffahrtskarte die Route eines bestimmten Schiffes oder auf einem Plan von Berlin die einer bestimmten Straßenbahn, so ist das für den Normalsichtigen eine Kleinigkeit, während der Farbenblinde vor einer Unmöglichkeit steht. Hat nun der Hund — wie anzunehmen ist — zu jeder Ausdünstung eine bestimmte

Vorstellung analog den verschiedenen Farben, so ist es klar, daß er unter 100 Fährten untrüglich die richtige findet und verfolgt, während wir vor einem Rätsel stehen.

Hack beklagt zunächst die Unwissenheit über das Wesen der Gerüche und des Riechens. Dann fährt er folgendermaßen fort (S. 2):

„Dieses Nichtwissen erstreckt sich keineswegs nur auf den Ausfall wissenschaftlicher Erkenntnis, sondern, was noch weit einschneidender ist, auf die empirische Vorstufe, welche jeder wissenschaftlichen Betrachtung vorauszugehen hat. Um Ihnen dies zu erläutern, gestatten Sie mir vielleicht, einen Vergleich anzustellen mit dem Substrat eines anderen, Ihnen weit vertrauteren Sinnes, mit den Farbenempfindungen; um aber die Parallele exakt durchzuführen, ist es notwendig, daß wir uns hier auf ein äußerst frühes Stadium in der geistigen Entwickelung der Menschheit zurückversetzen."

„Es fällt uns nicht schwer, uns ein solches Stadium vorzustellen, in welchem der Mensch die ganze Reihe der Farbeneindrücke mit der vollkommensten Schärfe zu empfinden verstand, auch die unendliche Menge ihrer Abstufungen wohl zu unterscheiden wußte, aber verwirrt durch die erdrückende Fülle der Übergänge nicht imstande war, eine Einteilung in diesem Meer von Einzelheiten zu gewinnen. Es war sicherlich ein gewaltiger Fortschritt, als in diesem Chaos allmählich einige Grundtöne der Farben erkannt wurden, als klar ward, daß die Unsumme von dazwischen liegenden Farbenunterschieden in verschiedenartiger Verschmelzung dieser Farbentöne beruhten. Noch eingreifender aber war der Fortschritt, als die Sprache diesen entwickelten Anschauungen gerecht wurde, als die Farben nicht mehr durch das Nennen der Gegenstände charakterisiert werden mußten, denen sie anhafteten, sondern gewisse Ausdrücke für die Farben abstrahiert werden konnten. Es mag lange gedauert haben, bis jene sprachlichen Begriffe sich befestigten, und es gab wohl Zeiten, in denen diese noch hin und her schwankten und leicht miteinander vertauscht wurden. Wenn wir in den ältesten uns überlieferten Sprachdenkmälern uns befremdende Farbenbezeichnungen finden — ich erinnere Sie nur an gewisse Epitheta bei Homer —, so konnte das leicht entstehen, solange eben jene sprachlichen Begriffe im Schwanken waren. Bei den Gerüchen stehen wir aber noch auf jenem allerersten primitiven Standpunkte, wo jede einzelne Empfindung auch eine Einheit für sich darstellt, die wir nicht zu vergleichen, nicht zu gruppieren, nicht auf Grundbegriffe zurückzuführen vermögen. Dementsprechend enthält die Sprache auch nicht den leisesten Begriff für die verschiedenen Gerüche; wollen wir zwei Gerüche charakterisieren, so müssen wir stets die Dinge nennen, denen sie anhaften, ein Geruch erinnert an Veilchen, ein anderer an Reseda usw.; abstrakte, von den Gegenständen losgelöste Begriffe existieren einfach nicht. Wenn wir uns eine Vorstellung über eine etwaige Einteilung der Gerüche bilden wollen, so entdecken wir, daß unser Vorstellungsvermögen uns im Stiche läßt, daß uns auch jede Handhabe für eine solche Einteilung noch fehlt, daß wir das Labyrinth zahlloser Einzelheiten durchaus nicht zu entwirren vermögen. Wenn wir aber versuchen wollen, uns nur etwas von unserer sprachlichen Unmündigkeit freizumachen, wenn wir über die allereinfachsten Begriffe des Angenehmen hinaus etwas allgemeinere Bezeichnungen für die Gerüche suchen, etwa von einem scharfen, einem stechenden Geruch reden, so machen wir die beschämende Entdeckung nicht nur, daß wir die Ausdrücke von einem Nachbarsinn entlehnen und borgen mußten, — nein, noch viel mehr: daß wir in dem Augenblick, wo wir von einem scharfen, einem stechenden Geruch reden, überhaupt gar keine Geruchsempfindung, sondern eine ganz andere Sinnesempfindung gehabt haben.

„Dies bringt mich aber auf ein weiteres. Während bei den höheren Sinnen die Empfindungskreise der Sinne in unserem Urteil streng gesondert sind, während z. B. niemand von Ihnen je glauben wird, eine Gehörsempfindung gehabt zu haben, wo sein Gesichtssinn erregt wurde, und umgekehrt, so ist das keineswegs der Fall bei den niederen Sinnen und ganz besonders nicht beim Geruchssinn. Hier wird unendlich häufig der Empfindungskreis irrtümlich erweitert, irrtümlich beschränkt, bald glauben wir eine Geruchssensation gehabt zu haben, wo eine Gefühlsempfindung vorlag, bald glauben wir zu schmecken, wo eine Geruchsempfindung stattfand — die Empfindungswelt dieser drei Sinne wird eben keineswegs streng in unserem Urteil geschieden, wie Sie aus später Ihnen zugehenden Beispielen zur Genüge erkennen werden.

„Daß dieses alles nicht dazu beitragen kann, jene empirische Grundlage, auf der sich unsere Kenntnis des Geruchssinnes aufzubauen hat, zu erweitern, bedarf keiner näheren Ausführung. Aus diesem Grunde hat der Geruchssinn nur in sehr bescheidenem Maße an den enormen Fortschritten der neueren Physiologie teilnehmen können; die so hoch entwickelte Kunst, die Sinne experimentell zu befragen, scheitert hier meist nicht nur an der Unmöglichkeit, eine Antwort zu erzwingen, als vielmehr daran, daß uns die allerersten Bedingungen einer richtigen Fragestellung fehlen."

Ganz so schlimm, wie Hack die Sache hinstellt, liegen jetzt die Verhältnisse in Wirklichkeit nicht, wie sich aus dem Nachstehenden ergeben wird.

Jedenfalls ist aber der Vergleich zwischen den einzelnen Farben und den einzelnen Gerüchen ein in der Sache liegender, denn sonst könnten nicht voneinander ganz unabhängige Forscher auf denselben Gedanken kommen.

Um bei den Farben abstrakte Bezeichnungen zu erhalten, hat man zu den Farben, die am häufigsten sichtbar waren, gegriffen, also Grün (die Pflanzenwelt), Rot (das Blut), Blau (der Himmel) usw. Bei den Gerüchen hat man schon seit vielen Jahren einzelne Klassen festgesetzt. Zwaardemaker nimmt neun Klassen an, nämlich ätherische, aromatische, balsamische, moschusartige, alliumartige, brenzlige, bocksähnliche, widerliche und erbrechenerregende Gerüche.

Daß wir Riech- und Schmeckempfindungen häufig verwechseln, ist richtig. Daraus aber, wie Hack will, zu schließen, daß es sich beim Riechen um einen niederen Sinn handelt, will mir nicht einleuchten. Bei den Fischen und allen dauernd im Wasser lebenden Säugern, also z. B. Walfischen und Delphinen, ist wahrscheinlich Gehör und Gefühl ebenso ineinander greifend wie bei den Menschen Geruch und Geschmack. Das beweist also nur, daß der Geruch bei dem Menschen ein niederer Sinn ist, genau wie bei den Fischen das Gehör. Über die Bedeutung des Sinnes sagt es nicht das geringste. Ein Jagdhund oder gar ein Maulwurf ohne Nase ist ein unglückliches Geschöpf.

Hack hält also das, was speziell für Menschen gilt, für allgemein gültig, was ein großer Irrtum ist. Sonst ist aber sehr interessant, was er über die Verwechselung von Geruch und Geschmack sagt (S. 21):

„In den Fällen, in denen eine Verschließung der Nasenhöhle vorliegt, wird außerordentlich häufig über eine erhebliche Beeinträchtigung nicht nur des Geruchs, sondern vor allem des Geschmacks geklagt; es wird mitgeteilt, daß der Geschmack verschiedener Weine nicht mehr empfunden wurde, daß Fleischsorten nicht mehr durch den Geschmack voneinander unterschieden werden könnten. Wie ist dies zu erklären? Haben durch die Verschließung der Nasenhöhle auch die Geschmacksnerven eine krankhafte Alteration erfahren, während doch das eigentliche Organ des Geschmacks, die Zunge, in allen diesen Fällen nichts Krankhaftes aufweist? Die Erklärung beruht in folgendem: Die in Verlust geratenen Empfindungen stellen eben gar keine eigentlichen Geschmacksempfindungen dar, sondern sind lediglich Geruchsempfindungen. Unser Geschmacksorgan an sich vermag nur vier Qualitäten von Empfindungen zu vermitteln, die des Süßen, Sauren, Salzigen und Bitteren, weiter nichts, und die ganze unendliche Reihe der Empfindungen, denen wir die Verschiedenheit und die Mannigfaltigkeit unserer Tafelgenüsse verdanken, der Wildbretgeschmack, das Aroma der Früchte und zahllose andere sind reine Perzeptionen des Geruchs. Allerdings existiert ein Unterschied gegenüber dem früher Gesagten: die Riechpartikel gelangen hier nicht von vorn mit der Einatmungsluft, sondern von rückwärts mit der Ausatmungsluft, in die Nase. Wer sich beim Kosten von Speisen darauf prüfen will, wird leicht feststellen können, daß, um den sogenannten Geschmack der Speisen möglichst vollkommen zu empfinden, wir leicht durch die Nase ausatmen, d. h. also, daß wir die Riechpartikel, welche sich von den in der Mundhöhle enthaltenen Speisen ablösen, von rückwärts her über die Riechfläche hintreiben. Unsere Weinkenner wissen den eben geschilderten Details unwillkürlich gerecht zu werden, indem sie möglichst rückwärts am Grunde der Zunge den Wein zergehen lassen, wodurch die Riechpartikel des Weines am leichtesten aufsteigen können und das Bukett desselben am deutlichsten empfunden wird. Zahllose pathologische Beobachtungen vermögen das Gesagte zu illustrieren."

Man muß, wie ich schon hervorhob, Hack vollkommen recht geben, daß der Mensch leicht Geschmack und Geruch verwechselt. Daraus folgt aber keineswegs, daß bei einem Nasentier, z. B. einem Jagdhunde, das gleiche der Fall ist. Die Wahrscheinlichkeit spricht eher für das Gegenteil.

Fünftes Kapitel.

Fortsetzung. Dynamische oder materielle Theorie?

Die Streitfrage, ob die dynamische oder materielle Theorie mehr begründet ist, wird bei Hack in besonders lichtvoller Weise behandelt. Wir lassen daher seine Ausführungen über diesen Gegenstand folgen (S. 5).

„Zwei Theorien sind im Laufe der Zeit über das Wesen der Gerüche entstanden, die sich in prinzipieller Beziehung diametral gegenüberstehen. Die eine derselben, die man wohl die dynamische nennen kann, hatte ihren bedeutendsten Vertreter zu Anfang unseres Jahrhunderts in Ph. v. Walther, damals noch an der ehemaligen Universität Landshut. Die Tatsache, daß stark riechende Substanzen unaufhörlich große Lufträume mit Gerüchen anzufüllen vermögen, ohne selbst irgendwie an Masse oder an Gewicht zu verlieren, schien ihm unvereinbar mit der Annahme, daß Gerüche auf dem Loslösen feinster Partikel der Riechsubstanz selbst beruhten. Er stellte sich daher vor, daß eine Geruchssensation in ähnlicher Weise bewirkt würde, wie eine Gesichts- oder eine Gehörsempfindung; wie diese letztere in der Erregung des Seh- oder Hörnerven durch Schwingungen von Äther oder Luft begründet seien, so werde auch der Geruchsnerv durch bestimmte Schwingungen erregt, die von dem riechenden Stoffe ausstrahlten: — so wenig aus tönenden Körpern tönende Teilchen ausgehen, um in unser Ohr zu gelangen, ebensowenig, meinte Ph. v. Walther, lösen sich von riechenden Stoffen materielle Teilchen ab, um unser Geruchsorgan direkt zu erregen. Diese Theorie, an sich geistvoll ausgedacht, wurde bald zugunsten der zweiten Theorie verlassen, um merkwürdigerweise noch einmal im letzten Jahrzehnt von englischer Seite einen neuen Verteidiger zu finden, in Dr. Ogle, der sich an sehr bemerkenswerte, inzwischen erschienene Arbeiten von Stark in Edinburg und Duméril in Paris anlehnte. Die beiden letztgenannten Forscher hatten, unabhängig voneinander, ein eigentümliches, interessantes Verhalten der Gerüche zu verschieden gefärbten Stoffen festgestellt. Sie fanden, daß Schwarz am stärksten Gerüche absorbierte, weiter in der Reihe kam Blau, dann mit stetig abnehmender Intensität Grün, Rot, Gelb, zuletzt Weiß, bei dem die Absorption auf ein Minimum beschränkt war. Die keineswegs stichhaltigen, aus diesen Beobachtungen gezogenen Folgerungen Ogles glaube ich übergehen zu können, um mich der zweiten, uns weit vertrauteren Annahme, der sog. materiellen Theorie, zuzuwenden. Ihr liegt die Vorstellung zugrunde, daß sich von den riechenden Substanzen unendlich feine, flüchtige Bestandteile ablösen, welche mit dem Luftstrom unserem Riechorgane zugeführt werden. Daß in der Tat gasförmige Körper die riechenden Bestandteile bilden, dafür sprechen verschiedene, experimentell festgestellte Tatsachen. Schon zu Ende des vorigen Jahrhunderts hatte Berthollet, der berühmte französische Chemiker, folgenden grundlegenden Versuch gemacht. Er brachte ein Stück Kampfer in den luftleeren Raum eines Barometers und entdeckte, daß die vom Kampfer sich ablösenden, flüchtigen Teilchen allmählich eine solche Pression ausübten, daß das Quecksilber in dem langen Rohre des Barometers niedergedrückt und nach dem kurzen Arm desselben hingedrängt wurde. Daraus ergab sich, daß den riechenden Bestandteilen wenigstens dieses Stoffes die gleichen physikalischen Eigenschaften wie allen Gasen zukamen, und jenes rätselhafte Sichgleichbleiben der Substanz selbst an Masse und Gewicht mußte durch eine andere Eigenschaft der Körper erklärt werden, durch ihre unbegrenzte Teilbarkeit. Ähnliche Schlußfolgerungen gestattet ein neuerer, von Tyndall angestellter Versuch. Tyndall legte folgendes Prinzip seinen Untersuchungen zugrunde. Die strahlende Wärme durchsetzt den luftleeren Raum, ohne an Wärme zu verlieren; wird ein Gas, wird atmosphärische Luft in den Weg der Wärmestrahlen gebracht, so wird ein Teil der strahlenden Wärme absorbiert. Umgekehrt erlaubt eine eingetretene Absorption auf die Gegenwart eines gasförmigen Körpers zu schließen, festzustellen, daß in einem gegebenen Raum materielle Teilchen sich befinden müssen. Durch eine Versuchsanordnung, deren Schilderung uns hier zu weit führen würde, bestimmte Tyndall die Absorption, welche riechende Substanzen auf die strahlende Wärme ausübten, wobei die Wärmeabsorption in der atmosphärischen Luft als Einheit genommen wurde. Es ließ sich nicht nur feststellen, daß die Gerüche ein ungewöhnlich hohes Absorptionsvermögen besaßen, sondern auch, daß die Absorption bei verschiedenen Gerüchen erheblich differierte. Ich will Ihre Geduld nicht mit Zahlen ermüden und Jhnen nur einige der erhaltenen

Werte mitteilen, welche bekannte Gerüche betreffen. Patchouli absorbierte 30 mal, Rosenöl 36 mal, Thymian 68 mal, Anis 372 mal stärker die Wärme als atmosphärische Luft. Die erste Bedingung also, welche eine Substanz erfüllen muß, um riechbar zu sein, besteht darin, daß sie unter irgendwelchen Verhältnissen flüchtig ist; weder in festem noch in tropfbar flüssigem Zustand vermag ein Körper unseren Geruchssinn zu erregen, darüber existieren zahllose exakte Beobachtungen. Aber die Flüchtigkeit an sich genügt nicht zur Riechbarkeit, denn eine ganze Reihe flüchtiger Stoffe bringen auf unserm Geruchsorgan keinen Eindruck hervor. Prüfen wir die nicht riechbaren Gase genauer, so zeigt sich, daß es meist indifferente Stoffe sind, Stoffe, welche ein sehr geringes Reaktionsvermögen besitzen; anderseits ergibt sich, daß die meisten stark riechenden Stoffe solche sind, welchen eine große Fähigkeit innewohnt, die mannigfaltigsten chemischen Umsetzungen einzugehen. Diese Fakten zwingen zur Annahme, daß die Riechstoffe im Geruchsorgan bestimmte chemische Veränderungen erleiden, oder mit anderen Worten, daß auf der Riechfläche ein äußerst empfindliches Reagens ausgebreitet sein muß, mit dem die Riechstoffe gewisse Verbindungen einzugehen vermögen. Diese Annahme erlaubt eine Reihe von Tatsachen zu erklären, welche ohne dieselbe für unser Verständnis dunkel geblieben wären. Sie macht begreiflich, warum der aktive Sauerstoff, das Ozon, eine intensive Geruchsempfindung bewirkt, nicht aber der gewöhnliche inaktive; sie gibt eine Erklärung dafür, weshalb das leicht zersetzbare Wasserstoffsuperoxyd unsere Geruchsnerven erregt, nicht aber Wasser in Dampfform, sie macht verständlich, weshalb sauere und basische Verbindungen den Geruchssinn stärker ansprechen, wie die aus ihnen hervorgegangenen gesättigten Stoffe; sie läßt uns einsehen, weshalb vor allem eine Reihe äußerst leicht zersetzbarer ätherischer Öle einen besonders starken Reiz für unser Geruchsorgan abgeben. Allerdings dürfen dem gasförmigen Stoff keine sonstigen, die Gewebselemente der Riechfläche schädigenden Eigenschaften zukommen: solche Gase können trotz allem Reaktionsvermögen deshalb geruchlos erscheinen, weil sie die Erregungsfähigkeit jener Gewebselemente lähmen, wie es bei dem völlig geruchlosen Kohlenoxyd der Fall ist. Man kann aber noch weiter gehen und darf, wie Graham das erörtert hat, wenigstens bis zu einem gewissen Grade, annehmen, daß, wenn die Tendenz zur chemischen Umwandlung der Riechstoffe in einer für die Assimilierung des Produktes mit den Geweben günstigen Weise erfolgt, der Geruch angenehm empfunden wird, wenn dagegen jene Tendenz nach der Seite der Rückkehr zur anorganischen Materie hin stattfindet, der Eindruck auf unser Geruchsorgan als ein unangenehmer bezeichnet wird. Der Nutzen also, den unser Körper aus der Tätigkeit des Geruchsorganes zieht, besteht darin, daß Stoffe, welche unsern Organismus in irgendwie schädlicher Weise affizieren würden, in noch höherem Grade das äußerst empfindliche Reagens der Riechoberfläche anzugreifen pflegen und durch den hierbei entstandenen unangenehmen Sinneseindruck eine Art Warnung zu erteilen vermögen."

Auch Zwaardemaker ist ein Anhänger der materiellen Theorie. Seine physikalischen Bemerkungen über Riechstoffe sind von solcher Wichtigkeit, daß wir sie hier wörtlich wiedergeben. Sie bilden ja gewissermaßen die Grundlage für das Wesen des Witterns (S. 12).

„Die Eindrücke, welche das Geruchsorgan empfängt, sind stets an die unmittelbare Anwesenheit der sogenannten Riechstoffe gebunden. Die Partikelchen dieser Stoffe müssen durch die atmosphärische Luft zugeführt werden und in die oberste Abteilung der Nasenhöhle geraten, wenn eine Geruchsempfindung zustande kommen soll.

„Es gab im Laufe der Zeiten einzelne Naturforscher, welche sich den Geruch als eine Art von Bewegung vorstellten, die sich, von den Riechstoffen ausgehend, frei im Raume ausbreiten sollte. Man dachte dabei an eine Analogie mit Licht und strahlender Wärme. Es läßt sich zu wenig für die Berechtigung einer solchen Hypothese anführen, als daß man zu ihrer Annahme gezwungen wäre. Eine Tatsache, welche früher noch als der wichtigste Grund zu ihren Gunsten galt, hält der gewissenhaften Kritik gegenüber nicht länger stand, nämlich die Angabe, daß Stückchen Moschus oder Ambra keinen Gewichtsverlust erleiden, selbst wenn sie wochenlang der freien Luft ausgesetzt werden und große Räume mit ihrem Geruche erfüllen. Die genauen Wägungen Valentins vermochten dies nicht zu bestätigen. Moschus ist nämlich hygroskopisch und kann daher nicht mit der hier geforderten Genauigkeit gewogen werden. Die anderen

Tatsachen, welche für die sogenannte dynamische Theorie angeführt werden, können ebensogut auf andere Weise erklärt werden. Es ist daher rationell, vorläufig an der materiellen Anwesenheit von Riechstoffpartikelchen festzuhalten, wo immer Geruch wahrgenommen wird."

Zwaardemaker gibt folgende vier Arten an, wie das Freiwerden der Riechmoleküle von der Oberfläche der Riechkörper oder einer riechenden Flüssigkeit stattfindet (S. 22):

1. Einfache Verdampfung,
2. Oxydation,
3. hydrolytische Spaltungen oder mehr zusammengesetzte Zersetzungen, wie vielleicht beim Moschus,
4. Verteilung der riechenden Flüssigkeit in äußerst feine Tröpfchen, welche später verdampfen oder in tropfbarer Form von dem Luftstrom mitgeführt werden.

„Häufig wird man selbst bei genauer Untersuchung kaum imstande sein, zu bestimmen, welche dieser vier Möglichkeiten vorliegt. Der Fall einer Blume, nehmen wir an, einer Rose, wäre wohl höchstwahrscheinlich unter Nr. 2 einzureihen, was jedoch keineswegs erwiesen ist. Für eine große Anzahl der Schmeckstoffe unserer Speisen dürfte vielleicht der unter 4 angeführte Vorgang eine größere Rolle spielen. In dem einfachen Falle von künstlichen Parfüms läuft in der Regel die Sache ohne weiteres durch gewöhnliche Verdampfung ab".

Die Fortpflanzungsschnelligkeit der Gerüche in

der Nähe der Riechquelle ist verschieden. Zwaardemaker stellte folgendes fest (S. 37):

Aether aceticus .	10,0	cm per Sekunde,
Aether sulfuricus	4,4	„ „ „
Talg .	4.0	„ „ „
Paraffin	2,2	„ „ „
Kampfer . .	2,1	„ „ „
Gelbes Wachs	2,0	„ „ „
Terpentin .	1,8	„ „ „
Nelkenöl .	1,3	„ „ „
Kautschuk	0,9	„ „ „

„Außer durch Diffusion verbreiten sich Gerüche durch den Wind, durch welchen sie in große Entfernungen mitgeführt werden können. Es findet in holländischen Reiseberichten aus dem 16. Jahrhundert wiederholt die Tatsache Erwähnung, daß das Aroma der Gewürzinseln (Molukken) bereits meilenweit entfernt auf offener See wahrgenommen wurde. Wir lesen in Hallers ‚Elementa physiologica', Lib. XIV, Sect. II § 3: Aut oram Hispaniae veterisque Arabiae, aut Sumatrae, aut Ceyloniae eminus et ad quadraginta milliaria odore aromatico se prodere."

Übrigens entsinne ich mich, von Napoleon gelesen zu haben, daß er ebenfalls behauptete, seine Heimatinsel Korsika bereits in meilenweiter Ferne mit geschlossenen Augen am Geruche zu erkennen.

Im Gegensatz zu Jäger ist Zwaardemaker der Ansicht, daß eine Verkümmerung des Geruchssinnes bei den Kulturmenschen nicht eingetreten sei. Ausführlich spricht er sich hierüber an folgender Stelle aus (S. 130):

„Was man bei Geruchssinn Schärfe des Sinnesvermögens nennt, ist der Grad der Deutlichkeit, in welchem sehr schwache Reize und kleine Unterschiede der Intensität sich geltend machen. Das genaue Unterscheiden der Arten des Reizes wird hier als Feinheit des Sinnes bezeichnet. Können wir für den Geruchssinn nach dieser Definition eine Norm aufstellen?

„Sehr häufig wird darüber Zweifel erhoben. Man stellt sich meistens vor, daß das gesellschaftliche Leben mit seinen dumpfigen Wohnstuben und besonders dem darin häufig herrschenden Tabakrauch auf das Riechorgan mehr oder weniger nachteilig wirke. Man vergißt jedoch dabei, daß auch für die anderen Sinnesorgane ähnliche schädliche Einflüsse bestehen. Die schlechte künstliche Beleuchtung und der Staub der Städte und Landstraßen sind nicht minder für die Netzhaut und Konjunktiva nachteilig als die Wärme und der Rauch für die Nasenschleimhaut. Außerdem ist das Riechorgan nicht ganz so schutzlos, wie man gewöhnlich annimmt. Das eigentliche Sinneswerkzeug befindet sich in der obersten Abteilung der Nasenhöhle, wo es der gewöhnlichen Atmungsströmung entzogen ist. Die in die Riechspalte dringende Luft tritt in so geringer Menge und so langsam hinein, daß von Abkühlung nicht mehr die Rede sein kann. Überdies wird sie durch die Schleimhaut der nasalen Atemwege reichlich mit Wasserdämpfen versehen und von gröberen Staubteilchen vollkommen befreit. Man findet den gröberen Staub im Nasenschleim wieder, welcher durch die Nasenlöcher oder längs der Choanen entfernt wird. Was also schließlich mit der Riechschleimhaut in Berührung kommt, ist eine staubfreie Luft von konstanter Temperatur und konstanter Feuchtigkeit, was auch für jene Fälle gilt, in welchen ursprünglich kalte, trockene, reichlich Staub mit sich führende Atemluft in die Nase eingedrungen ist. Dieser Umstand wird also unserem Riechorgane keineswegs großen Nachteil bringen. Daß man diesen gewöhnlich überschätzt, erklärt sich daraus, weil man stets lebhaft der Gefahr des Schadens eingedenk ist, welchen Kälte, Staub und mikroskopische Organismen den eigentlichen Atemwegen bringen, eines Schadens, der in seinen Folgen als Anschwellung der Nasenmuscheln, Hypertrophie der Tonsilla pharyngea, der Mandeln, als Kehlkopf- und Bronchialkatarrhe fast täglich uns bedroht. Es ist nicht in Abrede zu stellen, daß diese pathologischen Störungen dann und wann durch Verbreitung auf die Regio olfactoria schädigen und wirkliche Anosmien (Riechunfähigkeit) verursachen können, allein es ist fraglich, ob dies so häufig unter der großen Menschenmenge vorkomme, daß es statistisch einigermaßen in Betracht gezogen werden könnte. In dem gewöhnlichen Gedankengange der Zeitgenossen ist die Beschützung des Sinnesorganes durch einen Leitungsapparat, welcher nur das spezifische Agens zuläßt, zu sehr in den Hintergrund, sind die vielfältigen Störungen des Nasenatmens zu sehr in den Vordergrund getreten, so daß man eine schlechte Nase für synonym mit einem schlechten Geruch hält. Das mag für den gewöhnlichen Sprachgebrauch hingehen, ist aber bei wissenschaftlichen Betrachtungen nicht korrekt genug. Viele an langwieriger Rhinopharyngitis mit stark entwickelten adenoiden Vegetationen Leidende zeigten nach Entleerung der überflüssigen Schleimmassen ein ziemlich unbehindertes Riechvermögen.

„Wir sind demnach zu der Annahme berechtigt, daß die meisten unserer Mitmenschen sich wohl eines normalen Riechvermögens erfreuen, obgleich zugegeben werden muß, daß dieses durch den außerordentlich starken Geruchssinn wilder Volksstämme noch übertroffen wird. Man darf aber nicht übersehen, daß aller Wahrscheinlichkeit nach diese größere Sinnesschärfe auf eine bestimmte Art von Eindrücken beschränkt ist und erst durch viele Übung erworben wurde."

Hiernach könnte es scheinen, als ob Naturvölker möglicherweise hin und wieder mit einer Hundenase begnadet seien. Das steht aber in vollkommenem Widerspruch mit dem, was Zwaardemaker früher sagt (vgl. S. 40).

Jeden Zweifel dürfte aber der Umstand tilgen, daß die unglaublichen Leistungen der indischen Pfadfinder nach genauen Schilderungen nur durch Augen und Ohren, niemals durch ein Wittern erfolgen. Es heißt von ihnen in einer Schilderung ihrer Leistungen folgendermaßen (vgl. Groß a. a. O. S. 452):

„Kürzlich hatte der Schreiber dieses Gelegenheit, einen Khoji selbst beim Werke zu sehen. Nachts waren uns Kleidungsstücke und Wäsche gestohlen worden; ich wollte daher die Findigkeit eines Khojis einmal selbst prüfen. Die Spur des Diebes war bald aufgefunden, und nun ging eine wahre Jagd los, Spuren folgend, die mein Auge, das nicht zu den schlechtesten zählt, nicht entdecken konnte. Hier, sagte der Khoji, indem er auf einige fast unbemerkbare Spuren deutete, hat der Dieb einen Augenblick geruht; er trägt zwei Bündel. Hier hat er wieder geruht, aber diesmal länger. So folgten wir den ganzen Tag der Spur und holten auch wirklich am Abend den Dieb ein, der sich schon in Sicherheit glaubte. Meist ist aber die Verfolgung mit größeren Schwierigkeiten verbunden. Während der Khoji alle Findigkeit anstrengt, den Verbrecher zu erreichen, ist dieser oft ebenso schlau und versucht alles, sich der Verfolgung zu entziehen. Nachdem er eine Strecke zu Fuß gegangen, wickelt er ein Stück Tuch um seine Füße, reitet einige Zeit auf einem Ochsen, geht rückwärts oder schreitet durch einen Bach oder Fluß. All das darf jedoch einen guten Pfadfinder nicht irre machen; Entfernung fällt nicht ins Gewicht. Ich habe kürzlich von einem Falle in Kaschmir gehört, wo ein Khoji einen Mörder über dreihundert Kilometer verfolgte und ihn schließlich im Gefängnisse eines kleinen Dorfes auffand, wo er bei einem Diebstahl ertappt worden war. Es kommt häufig vor, daß Mörder kleinere Verbrechen begehen, um sich der Verfolgung der Khojis und einer größeren Strafe zu entziehen".

Auch Oberländer, dessen scharfe Beobachtungsgabe jeder gern anerkennen wird, erklärt ausdrücklich (Eine Jagdfahrt nach Ostafrika, S. 179): Beim Verfolgen der Schweißfährte lernten wir die Augen unserer Schwarzen schätzen.

Als vorurteilsfreier Beobachter, der einem Menschen nicht gleich eine Hundenase andichtet, kommt er leicht dahinter, daß die Verfolgung der Fährte nur durch das Auge geschieht. Ebenso überzeugend wirkt die Erzählung eines Herrn Georg Escherich, der in der „Täglichen Rundschau" vom 26. September 1908 über eine Löwenbegegnung in Afrika berichtet. Über den fraglichen Punkt äußert er sich nämlich folgendermaßen:

„Es ist unglaublich, wie ausgeprägt der Sinn eines jeden Schwarzen für Fährten ist. Auch der Nichtjäger ist hierin Meister. Er lernt schon als junger Hirte, dem entlaufenen Stück stundenweit auf der Fährte zu folgen, und wehe, wenn er es verliert! Nur da, wo Felsen und Stein nackt zutage treten und auf längere Strecken auch nicht die minimalsten Eingriffe sich zeigen, versagt er. Hier ist eben die Arbeit des Auges überhaupt am Ende. Die Nase des Hundes allein wäre noch imstande zu folgen."

Zum Schlusse mache ich auf die Gründe aufmerksam, die ich in meinem Buche: „Ist das Tier unvernünftig?" S. 155 angeführt habe. Es heißt dort beispielsweise:

1. Warum brauchte der Naturmensch den Hund zur Jagd, wenn er selbst wittern konnte?

2. Sollte mangelnde Übung vorliegen, so ist die Frage gewiß berechtigt:

Warum werden in Blindenanstalten, wo jeder vorhandene Sinn aufs sorgfältigste beobachtet wird, nicht durch andauernde Übung Witterer ausgebildet?

3. In Berlin lassen sich unzählige Naturvölker sehen. Warum? Damit der Impresario Geld verdient. Weshalb ist denn nun niemals ein witternder Naturmensch ausgestellt? Das Polizeipräsidium würde sicherlich einen solchen Mann, der zur Aufspürung von Verbrechen unschätzbare Dienste leisten könnte, mit Gold aufwiegen, und der Vermittler könnte sich eine hohe Provision verdienen.

Sechstes Kapitel.

Schnüffeln und ruhiges Atmen. Die Kompensation der Gerüche.

Von Zwaardemakers wissenschaftlichen Feststellungen wären für unsere Frage noch folgende von besonderer Wichtigkeit.

Der Unterschied zwischen Schnüffeln und ruhigem Atmen wird bei ihm folgendermaßen erklärt (S. 67):

„Über den Mechanismus des Riechens lassen sich folgende Schlußfolgerungen ziehen:

„A. Beim Schnüffeln, das ist beim unmittelbaren stoßweisen Einführen der riechenden Luft in die Riechspalte, wenigstens in deren vordersten oder untersten Teil: Ausbreitung der Duftwolke daselbst durch Diffusion; Berührung der riechenden Moleküle in Gasform mit den Flimmerhärchen der Riechzellen.“

„B. Beim ruhigen Atmen: bogenförmige Strömung der Atemluft, als höchster Punkt von deren

Bahn der Unterrand der mittleren Muschel gilt — oder nach anderer Ansicht der Unterrand der oberen Muschel —; Aufsteigen der riechenden Moleküle durch Diffusion; Berührung der Moleküle in Dampfform mit den Flimmerhärchen der Riechzellen."

„Die Leitungsapparate des Auges und Ohres haben nur den spezifischen Zweck, die Lichtstrahlen oder die Schallwellen zur Netzhaut oder zur Schnecke zu befördern. Hier aber begegnen wir einem Apparat, der hinsichtlich seiner sinnlichen Funktion zwar mit der Linse und mit der Kette der Gehörknöchelchen verglichen werden kann, zugleich aber auch für die Atmung nach deren besonderen Erfordernissen für Erwärmung und Reflexsensibilität sich angepaßt hat. Es erhellt aufs deutlichste aus der Formverschiedenheit, welche die Tiere in dieser Hinsicht zeigen, daß das Bedürfnis des Riechens einzig und allein bestimmend gewesen ist. Auch in dieser Hinsicht ist das Sinnesorgan aufs innigste an das Atmen gebunden, die conditio sine qua non seiner Tätigkeit."

Daß man durch Schnüffeln schneller wahrnimmt, weiß man aus der Praxis längst. Das bestätigen auch die wissenschaftlichen Untersuchungen nach Zwaardemaker (S. 202).

„Es besteht", sagt er, „ein Unterschied der Reaktionszeit zwischen diesen beiden Arten des Riechens, dem Schnüffeln und dem langsamen Aufziehen (dem „flairer" der Franzosen). Im ersteren Falle dauert das Riechen nicht so lange als im zweiten. Der Unterschied betrug, wenn wir in derselben Weise wie Buccola, Moldenhauer und Beaunis rechnen, in unserem

Falle 0,4 Sekunde, wenn wir aber unseren mehr oder weniger willkürlichen Maßstab anlegen, 0,1 Sekunde. Woher dieser Unterschied? Er kann wohl kaum anders verursacht sein als durch die zeitraubende Diffusion des Riechgases, welche beim Schnüffeln unnötig ist, weil der Geruch durch die stoßweise Bewegung unmittelbar in die Riechspalte befördert wird, während die Diffusion beim flairer notwendig ist, da der Luftstrom wegen seiner langsamen Bewegung durch die Nasenhöhle nicht höher emporsteigt als bis an den unteren Rand der mittleren oder oberen Muschel und daher die Sinnesschleimhaut nicht erreicht. Für diese Beförderung des Riechreizes nach den Riechzellen dürfte dann 0,4 resp. 0,1 Sekunde erforderlich sein."

Über die Bedeutung der Feuchtigkeit und Trockenheit der Nasenschleimhaut hat sich auch Zwaardemaker geäußert.

Über den ersten Punkt lesen wir folgendes (S. 163):

„Von viel geringerer Bedeutung wird der größere oder geringere Feuchtigkeitsgrad der Nasenschleimhaut sein, wenigstens so lange, als dieser sich innerhalb der Grenzen der normalen Schwankungen hält. Erhebliche Sekretionsveränderungen dagegen haben die bedeutendsten Störungen zur Folge. Allzu große Feuchtigkeit, wie sie bei einigen nervösen Katarrhen vorkommt, bei welchen die ganze Nasenhöhle mit einer profusen wässerigen Absonderung angefüllt wird, und allzu geringe Sekretion, die zur Vertrocknung der Pars respiratoria führt, werden auch für den Geruchssinn nicht ohne nachteilige Folgen bleiben. Denn die erstere, die zu beträchtliche Feuchtigkeit, bildet ein mechanisches Hindernis für das Riechen, während die andere, die allzu große Trockenheit, auf die Dauer eine Schädigung der Epithelzellen der Riechschleimhaut veranlassen wird. Abgesehen jedoch von dem mechanischen Hindernis, scheint die Feuchtigkeit als solche nicht nachteilig zu wirken, wie es sich z. B. aus den toxikologischen Versuchen Fröhlichs ergibt."

„10 mg Strychnin mit 1 g Zucker vermischt, wurden in Form einer Prise in die Nasenhöhle gebracht. Nach kurzer Zeit trat eine profuse Schleimausscheidung auf, aber trotzdem wurde vortrefflich gerochen, ja sogar besser als normal unter dem Einflusse einer Hyperosmie, welche, wie Fröhlich zur selben Zeit entdeckte, das Strychnin, wie es scheint, durch einen spezifischen Einfluß auf die Riechschleimhaut hervorruft."

Über die Trockenheit der Nasenschleimhaut äußert sich Zwaardemaker folgendermaßen (S. 164):

„Im Gegensatz zu der Feuchtigkeit verursacht Trockenheit, sogar augenblicklich, eine große Störung. Sie kann künstlich durch den innerlichen Gebrauch von 5 mg Atropin erzeugt werden. In Fröhlichs und Lichtenfels' Versuchen konnten nach reichlich drei Stunden weder Essigsäure noch ätherische Öle gerochen werden. Wir müssen also annehmen, daß, falls die Atmungsluft durch die untere Muschel nicht genügend feucht erhalten wird, die Riechhärchen nach einiger Zeit austrocknen und zeitweilig ihr Funktionsvermögen verlieren. Fröhlich wenigstens ist der Ansicht, daß wir es in dem von ihm berichteten Versuche nicht mit einer unmittelbaren Wirkung des Atropins auf das Sinnesorgan, wie es beim Strychnin und Morphin der Fall ist, zu tun haben. Er stützt diese Auffassung noch näher durch den Nachweis, daß die Empfindlichkeit der Tastnerven in der Nasenhöhle durch den Gebrauch von Atropin nicht geschwächt werde. Dennoch wird innerhalb der normalen Grenzen der Einfluß des größeren oder minderen Feuchtigkeitsgrades der Nasenhöhle auf die Riechschärfe nur ein geringer sein. Hat sich die Flüssigkeit zu reichlich angesammelt, so kann sie, falls sie nicht etwa von pathologischer Zähigkeit ist, leicht durch eigene Schwere abfließen. Zu wenig Feuchtigkeit wird zu einem leichten Reizungszustande Veranlassung geben und so eine den Augenärzten wohlbekannte Hyperämie der Konjunktiva verursachen. Auf diese Weise entsteht eine Vermehrung der Tränensekretion, durch deren Abfluß längs der Tränenkanäle die störende Trockenheit wieder beseitigt wird. Diese Art von Regulierung bewahrt das Riechorgan, wenn sie gehörigerweise stattfindet, vor den Extremen, und es wird, weil es gerade nur diese sind, welche Nachteil bringen, in der Folge, insoweit wir es beurteilen können, weder eine Erhöhung noch eine Herabstimmung der Riechschärfe zu befürchten sein. Ganz anders wird es bei der Blutfülle der Fall sein, welche, da von ihr die Weite des Leitungsapparates abhängig ist, der die Riechstoffe bis in die Nähe des Nervenendorgans schaffen muß, in bedeutendem Maße die Riechschärfe beeinflußt. Um so eher wird der Einfluß der Blutfülle augenfällig sein, weil diese beim

Menschen offenbar mehr dem Atemholen als dem Riechen untergeordnet ist und es daher geschehen kann, daß um des Atmens willen die natürliche Regulierung, welche man beim absichtlichen Riechen unbewußt anstrebt, ganz oder zum Teil preisgegeben werden muß."

Wir gelangen also zu folgendem Ergebnis:

Weil das Schnüffeln das Riechen beschleunigt, deshalb schnüffeln alle Nasentiere, und weil Trockenheit der Nasenschleimhaut die Riechfähigkeit erschwert, deshalb haben alle Nasentiere eine feuchte Nase. Diese Beobachtung hat jeder aufmerksame Forscher in der Praxis schon längst gemacht (vgl. mein Buch: „Ist das Tier unvernünftig?" S. 143). Da Vögel weder schnüffeln (mit Ausnahme des Kiwi, vgl. mein Buch S. 146, der als Vogel einer früheren Epoche nicht in Betracht kommt, übrigens auch im Gegensatz zu den heutigen Vögeln die Nasenlöcher fast an der Spitze des Schnabels hat) noch eine feuchte Nase besitzen, so ist schon hieraus zu schließen, daß sie nicht wittern können.

Wir hören ferner, daß die Trockenheit der Nasenschleimhaut häufig dadurch verhindert wird, daß die Augen tränen und Flüssigkeit nach der Schleimhaut absondern. Auf diesem ebenso einfachen wie sicher wirkenden Wege bleibt dem Geschöpfe die Riechfähigkeit erhalten. Es ist das wieder ein Fall, in dem man die Weisheit der Natur mit Andacht bewundert.

Noch auf einen Punkt möchte ich besonders aufmerksam machen, da er für die Praxis von größtem Interesse ist, nämlich auf die Kompensation der Gerüche. Wer erinnert sich nicht aus seiner Jugendzeit, daß er nach den ersten Rauchversuchen — namentlich, wenn man als Junge ein Stück Rohrstock geraucht hatte — schnell Kaffeebohnen kaute, damit die Nase der Mutter keinen Unrat merkte? Nehmen doch heute noch viele Ehemänner nach einem Frühschoppen Pfefferminzplätzchen oder ähnliche Dinge zu sich, damit die Ehefrau bei der Heimkehr nicht beim Begrüßungskusse merkt, weshalb sie so lange mit dem Mittagessen warten mußte.

Die Schilderung des Olfaktometers oder Riechmessers, mit dem Zwaardemaker diese Ergebnisse gewonnen hat, würde hier zu weit führen. Der Apparat beruht in der Hauptsache auf einem verschiebbaren Zylinder, der in die Nase eingeführt wird. Je größer die Fläche des Zylinders sein muß, um eine Geruchswahrnehmung zu erzielen, desto geringer muß die Riechkraft des fraglichen Objektes sein und umgekehrt.

Zwaardemaker äußert sich über die Kompensation der Gerüche in folgender Weise (S. 165):

„Es ist eine längst bekannte Tatsache, daß Gerüche sich unter gewissen Umständen mengen. Man meint in zusammengesetzten Parfümerien die einzelnen Riechstoffe nebeneinander wahrnehmen zu können, wenn auch nicht jeden einzelnen für sich, so doch zu einem sogenannten Mischgeruch vereinigt. Gegensätzlich bemerkt man in anderen Fällen, wenn gleichfalls mehrere Riechkörper gemischt sind, nur einen einzigen Geruch, da die übrigen durch diesen verdrängt werden. Letztere Erscheinung ist den Ärzten besonders bekannt durch die Anwendung, welche man in der Arzneiverordnung davon macht. So benutzt man den Mandelgeruch, um den Moschusgeruch, ätherische Öle, um den Jodoformgeruch zu vertreiben. So scheinen z. B. 4 g Jodoform mit 200 mg Perubalsam nahezu geruchlos. Rizinus kann durch das Aldehyd von Ceylon-Zimtöl und Vanille kompensiert werden, so daß dessen ekelhafter Geruch größtenteils beseitigt wird. Auch Laien verwenden mit Vertrauen das Pulver der Veilchenwurzel (Rhizoma Iridis Florentinae) gegen den üblen Geruch aus dem Munde, den Rauch von brennendem Papier gegen den Gestank der Katzenexkremente. Voltolini empfiehlt Teerwasser gegen Ozaena, und jedem internen Kliniker ist es bekannt, wie man durch Karbolspray den Gestank von Lungengangrän verringern, ja fast ganz verschwinden lassen kann.

„Die Physiologen haben bisher diesen Umstand wenig in Betracht gezogen, wahrscheinlich aus dem Grunde, weil man die erwähnte Erscheinung als chemische Wirkung auffaßte. Man stellte sich vor, daß der Moschusgeruch durch die bitteren Mandeln festgehalten, der penetrante Geruch des Jodoforms durch Fenchelöl zerstört, der unangenehme Fettsäuregestank durch das Aroma chemisch gebunden würden. Obgleich diese Erscheinung ohne Analogieen war, begnügte man sich, befremdend genug, mit dieser Erklärung und fühlte sich zu keiner näheren Analyse und genauen Untersuchung des chemischen Prozesses veranlaßt, welchen man hier vorauszusetzen sich berechtigt glaubte.

„Von den älteren Schriftstellern widmet nur

Valentin einige Zeilen der gleichzeitigen Wahrnehmung zweier Gerüche. Er leitete die beiden Geruchsarten, deren Zusammenstellung er zu untersuchen wünschte, je in ein Nasenloch, wobei es sich ergab, daß der stärkere Eindruck den schwächeren überwältigte. Waren beide Gerüche gleich stark, so kann man nach Belieben den einen oder den anderen wahrnehmen. Solche Versuche gelangen Valentin mit Schwefeläther und Perubalsam. Er schloß daraus, daß hier ein ähnlicher Wettstreit bestehe wie zwischen den beiderseitigen Gesichtsfeldern. Aronsohn beschäftigte sich in neuester Zeit mit dieser Frage. Auch er nahm öfters den erwähnten Wettstreit wahr, z. B. zwischen Kampfer und Zitronenöl. Dagegen wurde der Kampfer durch andere, sogar weniger starke Gerüche verdrängt, ohne daß es möglich war, einen Wettstreit hervorzubringen. Der Kampfergeruch wurde aufgehoben durch Petroleum, Eau de Cologne, Wacholderöl und durch Zwiebelgeruch (Allium sativum).

„Soweit mir bekannt ist," sagt Zwaardemaker, „findet man, außer diesen kurzen Bemerkungen, nichts darüber in der medizinischen Literatur. Die Werke über die Parfümerienindustrie usw. beschäftigen sich zwar hier und da mit diesem Gegenstand, doch, obschon hierüber unzweifelhaft wichtige Tatsachen zu sammeln wären, kann die Physiologie davon keinen Nutzen ziehen, weil sie in dieser Richtung selbst noch nicht genügend fortgeschritten ist."

Mittelst eines doppelten Riechmessers, wobei jedes Nasenloch gesondert in Tätigkeit trat, stellte Zwaardemaker eine Reihe sehr interessanter Versuche an. Er schreibt hierüber folgendes (S. 171):

„Einer der schönsten Versuche, den man mit dem doppelten Riechmesser anstellen kann, ist jener, wobei der eine Olfaktometer Essigsäure und der andere Ammoniak enthält. Man denke sich den einen Riechmesser mit zweiprozentiger Essigsäure, den anderen mit einer einprozentigen Ammoniaklösung versehen, und beide Riechstoffe abgesondert in je ein Nasenloch geleitet. Je nachdem der eine oder der andere Zylinder mehr herausgeschoben wird und daher den stärkeren Eindruck macht, riecht man entweder Essigsäure oder Ammoniak. Niemals wird man beide gleichzeitig riechen, am wenigsten, wenn man jede Wahrnehmung für sich nicht zu lange dauern läßt, da es sonst möglich wäre, beim Beginne der Einatmung Ammoniak und gegen Ende derselben Essigsäure zu bemerken. Abgesehen davon wird entweder der eine oder der andere Geruch wahrgenommen. Es ist jedoch möglich, unter den verschiedenen Kombinationen solche zu finden, bei welchen keiner der beiden Gerüche ein besonderes Übergewicht gewinnt, wobei man höchstens einen schwachen Geruch von einer der beiden Arten bemerkt; ja, es wird sogar gelingen, schließlich ein Verhältnis zu finden, bei welchem man mit beiden Nasenlöchern riechend nichts wahrnimmt, absolut keinen Eindruck empfindet. Dies wird auch dann noch gültig bleiben, wenn man sehr kräftige Reize kombiniert, von welchen jeder für sich allein einen starken Eindruck gemacht haben würde."

Folgende Schlußfolgerungen aus den bisher erörterten Wahrnehmungen erscheinen unserem Gewährsmanne gerechfertigt (S. 172):

1. Einige Gerüche vernichten einander bei gleichzeitiger Beobachtung.
2. Die Kompensation beruht auf physiologischen Ursachen.
3. Das Verhältnis der einander gegenseitig aufwägenden Riechstärken ist wahrscheinlich konstant.

Den Satz zu 1 von Zwaardemaker würde ich nicht unterschreiben. Die Tatsache, daß die menschliche Nase von zwei gleich starken Gerüchen nichts wahrnimmt, beweist nur, daß unsere Nase zur gleichzeitigen Wahrnehmung nicht fähig ist, aber nimmermehr, daß auch objektiv die Gerüche sich vernichten. Feinnasige Tiere können möglicherweise die beiden Gerüche sehr wohl gleichzeitig wahrnehmen. Unsere subjektive Unfähigkeit ist also noch kein Beweis, daß ein Vorgang sich objektiv entsprechend abspielt.

Zwaardemaker erklärt die höchst merkwürdige Kompensation der Gerüche als ein physiologisches Phänomen. Das heißt zu deutsch ausgedrückt, er setzt an Stelle eines Unbekannten ein anderes Unbekanntes, wodurch der Leser genau so klug bleibt, wie vorher.

Ich möchte daher kurz angeben, wie ich mir diese Erscheinung erkläre. Sie hängt meines Erachtens eng mit der merkwürdigen Tatsache zusammen, daß der Geruchssinn viel früher als ein anderer Sinn abstumpft.

Vom Auge wissen wir, daß wir eine Unmenge

Gegenstände gleichzeitig sehen können, vom Ohre, daß wir wenigstens mehrere Töne unfehlbar gleichzeitig unterscheiden können. Bei einem Spaziergange in der Umgebung Berlins höre ich z. B. das unablässige Rattern der Motore von der Rennbahn, in der für die Feiertage geübt wird, ferner das Brausen der Lokomotive von einem entfernten Zuge und das Singen der Feldlerche — und zwar alle drei Geräusche gleichzeitig, ohne daß eine Verwechselung denkbar wäre. Mit Leichtigkeit wurden noch weitere Töne unterschieden, aber wohl nur in beschränkter Anzahl.

Beim Geruchssinn scheint es mir, als ob dieser nur fähig sei, einen einzigen starken Geruch gleichzeitig wahrzunehmen. Treten wir beispielsweise in eine Apotheke oder einen Drogenladen, so nehmen wir einen Mischgeruch wahr. Allerdings macht sich manchmal ein Geruch aufdringlich breit, weil beispielsweise gerade eine Medizin, die diesen Duft entwickelt, zubereitet wird, aber dann riecht man gewöhnlich ihn ganz allein. Es ist mir übrigens sehr wohl bekannt, daß Apotheker sofort riechen, wenn ein sonst verschlossener Kasten in der Apotheke geöffnet wird. Das ist eben eine Folge ihrer Übung. Sie kennen genau den Mischgeruch bei normalen Verhältnissen. Wird nun ein Kasten geöffnet, so ändert sich der Mischgeruch, was natürlich der Nase des Apothekers auffällt. Damit ist also keineswegs dargetan, daß man gleichzeitig mehrere starke Gerüche wahrnehmen kann.

Unser Auge gleicht also einem Menschen, der hundert Arme hat, unser Ohr einem solchen mit zehn Armen, unsere Nase wahrscheinlich einem Einarmigen. Unser Auge kann gleichzeitig eine Unmenge Gegenstände unterscheiden, unser Ohr sicherlich mehrere Töne, aber die Nase, die überhaupt nur einen stark duftenden Gegenstand zu gleicher Zeit riechen kann, muß bei mehreren starken Düften naturgemäß Kompensation eintreten lassen.

Nun verstehen wir auch, weshalb der Geruch in kurzer Zeit abstumpfen muß. Ich nehme folgenden Fall an. Bei einer Landpartie werden wir gezwungen, bei einfachen Leuten zu übernachten. Beim Betreten der Wohnung schlägt uns der sogenannte Armeleutegeruch entgegen. Würde sich nun die Nase nach einer Viertelstunde nicht daran gewöhnen, so wäre sie außerstande, in der Nacht als Wächterin zu dienen. Sie würde dann beispielsweise nicht merken, daß es brandig riecht. Die Abstumpfung muß also erfolgen, weil ein Einarmiger, der sich mehrere Gegenstände in der Nähe besehen will, den früheren immer erst hinsetzen muß, ehe er einen neuen in die Hand nimmt.

Möglicherweise sind die feinnasigen Tiere — im Gegensatz zum Menschen — imstande, gleichzeitig mehrere Gerüche wahrzunehmen, wie ich schon vorhin erwähnte. Da nun der Verbrecher, um den verfolgenden Polizeihund irrezuführen, eine Unterdrückung oder ein sogenanntes „Verwittern“ seiner Spuren herbeiführen kann, so wollen wir uns mit dessen Wesen noch etwas näher beschäftigen.

Siebentes Kapitel.

Das Verwittern und Binden der Gerüche. Verwandte Gerüche.

Wie der Verbrecher das größte Interesse daran haben kann, einen Gegenstand zu verbergen oder einen Schall zu unterdrücken, so kann es für ihn auch äußerst wichtig sein, seine Spuren zu verwittern. Für das Auge benutzt er die alte Erfahrung, daß wir durch undurchsichtige Gegenstände nicht hindurchsehen können, und versteckt deshalb gestohlene Gegenstände an einem Ort, wo sie nicht leicht vermutet werden. Die Schallerregung vermeidet er entweder gänzlich oder benutzt Gelegenheiten, wo sie übertönt wird, z. B. beim Gewitter. Das Verwittern der Spuren übt praktisch weit häufiger der Jäger.

Während die Kompensation der Gerüche darin besteht, daß, wie wir vorhin gesehen haben, die menschliche Nase unfähig ist, zwei gleichstarke Gerüche gleichzeitig wahrzunehmen, beruht das Verwittern in der Unterdrückung eines Geruchs durch einen stärkeren. Der Jäger, der sich auf Anstand auf Sauen befindet, fürchtet beispielsweise deren feine Nase und hüllt sich deshalb in eine Pferdedecke ein, damit die menschliche Ausdünstung durch die viel stärkere des Pferdeschweißes verhüllt oder unterdrückt werde. Damit der Fuchs nicht merkt, daß das Eisen von menschlicher Hand berührt ist, wird es verwittert.

Wir können aber einen unbequemen Duft auch dadurch beseitigen, daß wir ihn „binden", das heißt, die Bewegungen der Riechmoleküle dadurch hemmen, daß wir den Gegenstand mit dem unerwünschten Geruche in Verbindung mit etwas bringen, das wegen seiner Eigenschaft als Festhalter des Geruchs bekannt ist. Hierzu gehört beispielsweise die Erde. Die Elefantenjäger reiben sich daher, wie wir in dem früher zitierten Werke von Schillings lesen, ihre Achselhöhlen, also starkduftende Körperteile, mit Erde ab.

Die Unterdrückung der Duftstoffe durch „Verwittern" oder durch „Bindung" muß im Gegensatz zur Kompensation von objektiver Beschaffenheit sein, da wir wissen, daß diese beiden zuerst genannten Mittel auch den feinnasigen Tieren gegenüber von Wirkung sind, also nicht bloß unserer Nase gegenüber.

Höchst merkwürdig ist es, daß den Tieren die „Bindung" unerwünschter Gerüche durch Erde sehr wohl bekannt ist, denen es wahrscheinlich die Naturvölker abgesehen haben. Wenn nämlich Hunde von dem Pestsafte des Stinktiers getroffen werden — was machen sie dann, da sie bei ihrer feinen Nase entsetzlich darunter leiden? Hören wir, was Brehm auf Grund der Kalmschen Schilderung vom Stinktier berichtet:

Das Tier, sagt er, ist wegen seiner besonderen Eigenschaft bekannt. Wird es von Hunden oder Menschen gejagt, so läuft es anfangs so schnell, als es kann oder klettert auf einen Baum; findet es keinen Ausweg mehr, so wendet es noch ein Mittel an, welches ihm übrig ist; es spritzt seinen Feinden seinen Harn entgegen, und zwar auf große Entfernung. Einige Leute haben mir erzählt, daß ihnen von diesem schändlichen Safte das Gesicht ganz bespritzt worden wäre, obwohl sie noch gegen achtzehn Fuß davon entfernt gewesen seien. Diese Feuchtigkeit hat einen so unerträglichen Gestank, daß kein schlimmerer gedacht werden kann. Ist jemand dem Tiere zur Zeit des Ausspritzens nahe, so kann er wohl kaum Atem holen, und es ist ihm später zumute, als wenn er ersticken sollte. Ja, kommt dieser Pestsaft in die Augen, so läuft man Gefahr, das Gesicht zu verlieren, und aus Kleidern ist der Geruch fast gar nicht wieder herauszubringen, man mag sie waschen, so oft man will. Viele Hunde laufen davon, sobald sie der Guß trifft; richtige Fänger hören aber nicht eher auf, dem Flüchtigen nachzusetzen, als bis sie ihn abgewürgt haben. Sie reiben jedoch ihre Nase auf der Erde, um den Gestank einigermaßen zu vertreiben. Der widrige Geruch geht selten vor einem Monat aus den Kleidern, doch verlieren sie das meiste davon, wenn man sie 24 Stunden lang mit Erde bedeckt. Auch die Hand und das Gesicht muß man wenigstens eine Stunde mit Erde reiben, weil das Waschen nichts hilft.

Ähnlich schreibt Hensel: Hunde, welche von dem Safte getroffen werden, scharren den Boden auf und wälzen sich wie rasend auf demselben umher, um den an ihnen haftenden Geruch zu entfernen.

Diese Schilderungen sind für uns sehr wertvoll. Einmal nützt Waschen gegen den Pestsaft des Tieres nichts. Warum? Weil die Feuchtigkeit die Bewegungen der Riechmoleküle unterstützt. Ferner sitzt der Geruch besonders fest in Kleidern. Der Grund liegt darin, daß Kleider zu den Gegenständen gehören, die Gerüche festhalten, wie auch Haare, Erde usw.

Sehr richtig sagt daher auch Hensel: Ganz besonders haftet der Pestgeruch an Tuchkleidern, welche man in den Rauch zu hängen pflegt, um sie wieder zu reinigen. Wahrscheinlich wirkt dabei nicht der Rauch, sondern die Hitze des Feuers, durch welche der flüssige Stoff verdunstet.

Gewiß hat Hensel recht, denn die Trockenheit ist bekanntlich das größte Hindernis für die Bewegung der Riechmoleküle. Der Qualm allein könnte schwerlich gegen den Pestsaft ankämpfen.

Als Knabe war ich einmal beim Spielen auf dem Felde durch ein Gebüsch gelaufen und hatte dabei von irgendeinem Unrat einen Fleck in die Hose bekommen, der entsetzlich stank. Meine Spielkameraden liefen davon und wollten nicht mehr in meiner Nähe bleiben. Ich war ganz unglücklich, denn das Waschen machte die Sache noch ärger. Da versuchte ich es mit frischer Erde, die ich auf den Fleck legte und nach einer halben Stunde erneuerte. Es war selbstverständlich furchtbar langweilig, stundenlang ganz ruhig zu sitzen, aber ich wollte nicht mit der stinkenden Hose nach Hause kommen. Das Mittel half auch außerordentlich. Wer mir dessen Anwendung geraten hat, ist mir nach so vielen Jahren nicht mehr erinnerlich.

Wenn es also auch zweifelhaft bleibt, ob die Kompensation der Gerüche auch bei feinnasigen Tieren eintritt, so kann darüber kein Zweifel bestehen, daß ein Geruch durch einen ähnlichen verwischt werden kann, und daß diese Verwischung objektiver Natur ist, also auch gegenüber feinnasigen Tieren gilt. Ein Hund kann sicherlich die Fährte seines Herrn, der z. B. Vieh treibt, viel leichter unter den verschiedenen Spuren erkennen, als wenn dieser mit Bekannten geht. Am schwersten wird die Aufgabe für den Hund sein, wenn es sich um mehrere Brüder handelt, die alle denselben Beruf treiben, z. B. Landwirte sind.

Greifen wir zum Verständnis der Hundenase auf die Farben zurück, so unterscheidet sich der Geruch von Vieh und Menschen wahrscheinlich ebenso stark wie etwa Grün und Rot. Bei demselben Geschöpfe, also z. B. beim Menschen, käme nur die gleiche Farbe in Betracht, aber in den verschiedensten Nuancen. Welch ein großer Unterschied besteht nicht zwischen Purpurrot und Rosa! Bei Geschwistern, die denselben Beruf treiben, wären wahrscheinlich die Unterschiede nur gering, so daß die Nase des Hundes genau aufpassen muß, damit sie keine Fährten verwechselt.

Über die Ähnlichkeit des Duftes bei Verwandten hat sich besonders Professor Jäger ausführlich geäußert. Am stärksten ist sie natürlich bei Zwillingen.

Wie jedes Geschöpf seine besondere Gestalt hat, so hat es auch seinen besonderen Duft. Und wie der Kenner die Einzelindividuen unterscheiden kann, weil keines genau dem anderen gleicht, so vermag eben auch die Hundenase den Duft einer bestimmten Person von dem anderer zu unterscheiden. Wie nun Tiere, die zusammengehören, sich ähnlich sehen — man denke z. B. an die Katzen: Löwe, Tiger, Jaguar,

Leopard usw. — so duften sie auch entsprechend ähnlich. Schon unserer Nase fällt es auf, daß ein Raubtier so ganz anders riecht als ein Pflanzenfresser. Wie gut riecht es im Kuhstall, und wie scheußlich stinkt es in einem Raubtierhause!

Eine Ähnlichkeit der Duftstoffe trifft man zunächst bei verschiedenen Geschöpfen an, soweit sie zoologisch verwandt sind Jägers Beobachtungen über diesen Punkt sind folgende (a. a. O. S. 48):

„Ich habe in meinen früheren Veröffentlichungen nachgewiesen, daß bei den Tieren ein inniger Zusammenhang zwischen der Qualität ihres Ausdünstungsduftes und ihrem morphologischen Bau oder, allgemeiner gesagt, ihrer systematischen Stellung besteht, und zwar so: Trotzdem, daß jede Tierart ihren ganz eigenartigen Duft besitzt, zeigen die Düfte zweier Tiere um so mehr Übereinstimmendes, je näher ihre systematische Zusammengehörigkeit ist, und um so mehr Differenz, je ferner sie sich im System stehen, das heißt, die Speziesdüfte gruppieren sich zu Gattungsdüften, die Gattungsdüfte zu Ordnungs- und Familiendüften, diese zu Klassendüften. Ich will einige Beispiele anführen:

a) Für die Gattungsdüfte: Wir unterscheiden leicht den Ausdünstungsduft eines Esels von dem eines Pferdes, aber beide haben so viel Gemeinsames, daß wir von einem Einhuferduft sprechen können. Rind und Büffel duften auffallend verschieden, aber doch ähnlich. Hund, Fuchs, Wolf, Schakal duften verschieden, und doch werden wir bei einiger Übung ihre Düfte nie mit denen einer

Katzenart zusammenzubringen geneigt sein; die Katzen duften alle einander ähnlich, aber wesentlich anders als die Hunde.

b) Beispiele für die Ordnungsdüfte sind: der Raubtierduft, der Affenduft, der Wiederkäuerduft, Nagetierduft usw., die in den Stallungen der zoologischen Gärten leicht zu studieren sind. Ob in einem Stall ein Rind, eine Antilope, eine Ziege oder ein Schaf lebt, nie wird man bei seinem Duft an ein Raubtier, einen Affen oder ein Nagetier denken können.

c) Unter den Klassendüften fallen uns die Fischdüfte durch ihre große Übereinstimmung auf, aber bei genauer Prüfung wird man dasselbe auch bei den Amphibien, den Reptilien, Vögeln und Säugetieren finden. Man berieche nur einmal Singvogelkäfige, Entenställe, Hühnerställe, Papageienhäuser, Raubvogelkäfige, Taubenschläge usw.: es bleibt bei aller Verschiedenheit etwas Gemeinsames, was keinen Gedanken an ein Säugetier, einen Fisch oder ein Amphibium aufkommen läßt.

Bei den wirbellosen Tieren ist freilich die Prüfung schwerer, aber der Krebsduft, Schmetterlingsduft, Wanzenduft usw. sind Beispiele, von denen man sich leicht überzeugen kann."

Nur nebenbei sei bemerkt, daß Jägers Beobachtungen für den Weidmann von großem Interesse sind. Diesem ist es ja aus der Praxis längst bekannt, daß es für den Hund beispielsweise besonders schwer ist, die Spur eines bestimmten Hirsches zu halten, wenn sie durch ein Rudel führt.

Nach Berichten alter Jäger findet der Schweißhund wohl die Fährte vom Hirsch, wenn sie durch eine Kuhherde, aber nicht, wenn sie durch eine Schafherde führt.

Wie es Doppelgänger gibt, d. h. Leute, die sich so ähnlich sehen, daß sie jeder verwechselt, so ist es sehr wahrscheinlich, daß es auch „Doppeldufter" gibt, d. h. Personen, die eine so ähnliche Ausdünstung haben, daß sie selbst eine feine Hundenase kaum unterscheiden kann.

Für den Polizeihund ist es demnach eine besonders schwierige Aufgabe, die Fährte eines Menschen zu halten, die sich inmitten ähnlich „duftender" Personen befand, z. B. eines Knechtes, der mit anderen Knechten ging. Noch schlimmer dürfte die Sache für die Hundenase liegen, wenn beispielsweise ein bestimmter Zigeuner aus einer Bande herausgefunden werden soll.

Von Zwaardemakers wissenschaftlichen Ergebnissen wären schließlich noch folgende erwähnenswert.

Die Riechschärfe des Menschen kann durch Kokain bedeutend herabgemindert werden.

Zwaardemaker erinnert sodann an das alte Experiment von Huygens und Papin, die eine Rosenknospe unter die Glocke einer Luftpumpe legten und fanden, daß diese nach zwei Wochen vom Dufte nicht das Geringste verloren hatte, während außerhalb der Glocke der Geruch bereits in zwei Stunden vollkommen verschwunden war. Ohne Luft können sich also die Duftmoleküle nicht bewegen.

Wie ferner jedem Jäger längst aus der Praxis bekannt ist, sind die Duftmoleküle bei Wärme viel lebhafter als bei Kälte. Da sich der gleiche Unterschied bei Feuchtigkeit und Trockenheit bemerkbar macht, so hat der Dichter recht, wenn er sagt, daß die feuchte, warme Nacht in Düften schwelgt.

Aus diesem Grunde riechen parfümierte Gegenstände bei Feuchtigkeit besonders stark, ebenso ist der Brauch begründet, ein Ei, dessen Güte man durch den Geruch feststellen will, vorher mehrmals anzuhauchen.

Außerordentlichen Einfluß auf die Riechmoleküle besitzt das Fett, wovon sich übrigens jeder Großstädter bei den Bedürfnisanstalten überzeugen kann, die jetzt durch Öl geruchlos gemacht werden. Die Parfümhändler wußten schon seit alter Zeit, daß Fette die Düfte festhalten und sie nur langsam von sich geben. Blumen werden durch Einlegen in Öle ihres Geruches vollkommen beraubt.

Auf die Bedeutung des Fettes für Duftmoleküle muß ganz besonders aufmerksam gemacht werden.

II. Praktischer Teil.

Achtes Kapitel.

Praktische Schlüsse aus den theoretischen Erörterungen. — Woran unterscheidet der Hund eine alte und neue Spur?

Die Mitwirkung des Polizeihundes bei der Aufdeckung von Verbrechen beruht also, genau wie die Hilfe des Hundes für den Jäger bei dem Auffinden des angeschossenen Wildes, auf der Feinheit seiner Nase. Wie der Jagdhund der Fährte des Wildes folgen kann, so der Polizeihund der Spur des Verdächtigen.

Jedes Geschöpf gibt fortwährend Düfte von sich, die wir uns als Riechmoleküle vorstellen müssen. In der Regel werden diese gasförmiger Natur sein, obwohl nach Zwaardemaker, wie wir früher hörten, die Form auch von anderer Beschaffenheit sein kann.

Die Düfte des Menschen teilen sich seiner Kleidung mit, da Wolle und ähnliche Stoffe zu den Gegenständen gehören, die Gerüche festhalten. Auch das Leder und somit die Stiefel gehören hierhin. Alte Kleider und alte Stiefel sind geradezu als „Geruchdepots“ zu bezeichnen. Wenn das Leder auch wohl den Geruch nicht so festhält wie Kleider, da es nicht haarig ist, so wird das bei getragenen Stiefeln dadurch wettgemacht, daß gerade der Fußschweiß eine ebenso starke wie charakteristische Ausdünstung des Menschen ist.

Weil getragene Stiefel wahre „Geruchdepots“ bilden, ist es erklärlich, daß nach den Erfahrungen alter Praktiker der Hund der Fährte eines Menschen mit getragenen Stiefeln ebenso leicht folgt, als wenn er mit bloßen Füßen geht (vgl. S. 120).

Wir hatten schon nachgewiesen, daß jedes Einzelindividuum einen ganz speziellen Geruch hat. Wir müssen aber noch weitergehen und feststellen, daß bei dem einzelnen Individuum wieder jeder einzelne Körperteil sich durch seinen besonderen Geruch auszeichnet. Daß After und Geschlechtsteile ganz eigentümlich riechen, weiß jedes Nasentier. Wir hatten schon vorhin erwähnt, daß aus diesem Grunde zwei sich begegnende Hunde ihr „Nasengesicht“ beriechen. Die Achselhöhlen haben einen merkwürdigen Bocksgeruch. Dieser muß in irgendeiner Weise mit geschlechtlichen Erregungen in Beziehung stehen, denn ich habe oft gehört, daß raffinierte Tänzer ihrer Dorfschönen ihr Taschentuch, das sie während des Tanzens unter der Achsel getragen haben, unter die Nase halten, um sie ihren Verführungskünsten geneigter zu machen.

Auch Professor Jäger macht auf diese Tatsache aufmerksam.

Wenn Professor Jäger mit einer Menschennase schon derartige Unterscheidungen feststellen kann, so liegt es auf der Hand, daß ein feinnasiges Tier unendlich mehr leistet.

Wir wissen ja auch, daß solche Tiere nicht nur die Fährte genau verfolgen können, sondern obendrein genau wahrnehmen, ob das verfolgte Geschöpf Männchen oder Weibchen, gesund oder krank ist. Welche Zeitvergeudung wäre es auch für ein Tier, wenn es im Liebestaumel der Spur eines Artgenossen folgte und statt auf die angebetete Schöne auf einen Rivalen stieße, der ihm tüchtig das Fell zerzauste.

Daß kranke Tiere von gesunden unfehlbar unterschieden werden, geht daraus hervor, daß die Möglichkeit dieser Unterscheidung für verschiedene Tiere eine Existenzfrage ist. So vermag ein Bär, eine Hyäne einen gesunden Hirsch oder eine gesunde Antilope nicht einzuholen. Weshalb sollen sie erst ihrer Spur folgen? Auch unser Fuchs kann einem gesunden Hirsch oder einem ausgewachsenen Reh nichts anhaben. Die Fährten gesunder Pflanzenfresser dieser Art bleiben also von den gedachten Raubtieren unbehelligt. Kaum haben jene jedoch vom Jäger eine gefährliche Verwundung erhalten, dann lehrt uns die Erfahrung, daß ihre Spur sofort von den erwähnten Fleischfressern verfolgt wird. Hieraus geht hervor, daß die Fährte eines gesunden und eines kranken, eines männlichen und eines weiblichen Tieres eine verschiedene Ausdünstung hat, und daß diese Verschiedenheit von den feinnasigen Geschöpfen sofort wahrgenommen wird.

Gerade auf diesen Punkt möchte ich die Führer von Polizeihunden noch besonders hinweisen, da viele in der Tatsache, daß ein Hund auf dem Lande der Spur seines Führers folgt, den Beweis geliefert finden, daß er eine vorzügliche Nase besitzt (vgl. S. 142).

Wer es bezweifelt, daß der Hund aus dem Geruch erkennt, ob der Duftträger krank sei oder nicht, den verweise ich darauf, daß ja selbst die menschliche Nase zu ähnlichen Leistungen fähig ist. Ein Mensch mit normaler Riechkraft kann an den Exkrementen häufig erkennen, ob der Produzent derselben gesunde Organe besitzt. Bei kleinen Kindern weiß die besorgte Mutter sehr wohl an dem Geruch der Ausscheidungen zu erkennen, ob bei ihrem Liebling alles in Ordnung sei. Das Eintreffen der ersten Zähne gibt sich häufig durch einen unangenehmen Geruch des Windelinhalts kund. Wie entsetzlich duftet die Losung des Hundes, wenn er die Staupe hat. Jeder Alkoholexzeß hat zur Folge, daß unsere Fäkalien nicht an Wohlgeruch gewinnen. Ein befreundeter Arzt, der über eine gute Nase verfügt, kann — wie das schon früher andere Ärzte getan haben — aus dem Geruche allein, den er in einer Wohnung wahrnimmt, nicht selten die Krankheit vorher bestimmen, indem er z. B. sagt: „Meine Gnädige, Ihre Kinder haben Scharlachfieber, ich rieche es.“ Was müssen da erst feinnasige Tiere leisten können!

Ich möchte sogar noch einen Schritt weiter gehen und behaupten, daß ein feinnasiges Tier aus der Spur feststellen kann, ob sie von einem vollgefressenen Tier herrührt oder nicht. Die Sache ist auch gar nicht so wunderbar. Wir sehen ja auch einem Geschöpfe an, ob es gesund oder krank ist, ob es einen vollgefressenen Bauch hat oder nicht, warum sollte die Ausdünstung nicht auch im letztgenannten Falle eine andere sein? Sonst könnte ich mir wenigstens gar nicht erklären, woher feinnasige Tiere sich sobald an einer Fraßstelle einfinden.

Zum Beweise will ich mich darauf berufen, was der vortreffliche Naturforscher Hensel von den brasilianischen Hunden erzählt:

„Oft schon," schreibt er, „hatte es mein Staunen erregt, wie schnell sich eine für die Hunde wichtige Nachricht unter denselben verbreitet. Der verwesende Leichnam eines Viehes, nur von einem einzigen und in abgelegener Gegend entdeckt, wird bald von vielen besucht werden. Bei dem Futterneide des Hundes ist an absichtliche Mitteilung der Nachricht nicht zu denken."

Von seinen eigenen Hunden, wovon einer der Schlaue, der andere der Biedere hieß, erzählt er folgendes Erlebnis: „Es war auf einer Reise durch die Hochlande von Rio grande do Sul. Nur drei Hunde, die beiden schon erwähnten, der Schlaue und der Biedere, nebst der Hühnerhündin waren meine Begleiter. Schon seit längerer Zeit war Not an Lebensmitteln gewesen; Menschen und Tiere waren erschöpft, namentlich die Hunde zeigten einen hohen Grad von Magerkeit. Wir hatten zur Nacht wie gewöhnlich in einem Wäldchen gelagert und waren am Morgen mit dem Einfangen und Bepacken der Maultiere beschäftigt, als mehrere hundert Schritte von uns zwei Hunde über den Kamp kamen und offenbar nach dem Wäldchen strebten, hinter dem, wie sich später herausstellte, ein Haus lag. Ich hetzte meine Hunde auf die fremden, und alle drei eilten sogleich fort. Als sie auf die Fährte der fremden Hunde kamen, nahmen zwei von ihnen, der Biedere und die Hündin, sogleich die Fährte auf und folgten derselben, laut heulend. Der Schlaue jedoch machte Kehrt, folgte der Fährte in entgegengesetzter Richtung und verschwand bald hinter den Hügeln des Kampes. Nach etwa einer Stunde waren wir fertig zur Weiterreise, saßen bereits schon im Sattel und sahen uns nach den Hunden um — der Schlaue fehlte noch. Vergebens wurde noch ein wenig gewartet: er kam nicht. Endlich mußte die Reise angetreten werden, auf die Gefahr hin, den Hund zu verlieren. Da erschien er, aber in welcher Verfassung. Sein Bauch hatte wenigstens den dreifachen Umfang angenommen und enthielt für mehrere Tage hin reichlich Futter. Offenbar hatten die beiden fremden Hunde an einem Aase das Frühstück genossen, und ihre Fährte war mit dem Geruche desselben behaftet worden; aber nur einer unter meinen drei Hunden war so schlau, von seiner erworbenen Kenntnis einen nützlichen Gebrauch zu machen."

Hiernach versteht man es, wenn Beckmann von seinen zahmen Dachsen berichtet, daß sie immer die ersten beim Aase eines gefallenen Schafes oder Kalbes waren. Entweder witterten sie den Fraß mit ihrer vorzüglichen Nase oder sie wußten aus der Spur eines Hundes, der sich dort vollgefressen hatte, wohin sie zu laufen hatten, um etwas Genießbares zu finden.

Im Lichte dieser Ausführungen ist die Leistung

eines Polizeihundes, die neulich in den Tagesblättern großes Aufsehen erregte, absolut nicht wunderbar. Man las dort über die Zuverlässigkeit der Polizeihunde folgendes: Mit welcher Sicherheit Polizeihunde den Geruch verschiedenen Blutes zu unterscheiden vermögen, hat sich bei dem in der Nähe von Tannenbergstal bei Plauen i. V. vor einigen Tagen verübten Mord gezeigt. Man ließ aus Meißen den Polizeihund „Harras“ mit seinem Führer kommen und ihn die Fährte von der Stelle des Tatortes aufnehmen, nachdem er dort an einigen schon stark vom Regen verwaschenen Blutlachen Witterung genommen hatte. Er verfolgte die Spur des Mörders eine Strecke in den einsamen Wald hinein bis an einen Bach. Hierher hatte der Mörder sein Opfer geschleppt und es ins Wasser geworfen, wo man den Ermordeten später tot auffand. Dann verfolgte der Hund die Spur noch eine größere Strecke durch dichten Wald bis an eine Landstraße, wo sie sich verlor. Nun stellte man den Hund einem Mann gegenüber, der wegen seiner stark blutbefleckten Kleidung als sehr verdächtig verhaftet worden war. „Harras“ beroch ihn, ließ dann aber den Mann völlig unbeachtet, so daß man zu der Annahme gelangte, daß der Verdächtige mit dem Verbrechen nichts zu tun hatte. Und in der Tat konnte er dann auch sehr bald sein Alibi nachweisen. Der wirkliche Mörder scheint über die böhmische Grenze gegangen zu sein.

Noch ein Wort möchte ich darüber sagen, woran der Hund bei der Verfolgung mehrerer Fährten, die z. B. einen Weg kreuzen, sofort erkennt, welches die letzte ist. Man denke sich, daß ein Wolf auf einem

Wege eine Rehspur findet, die zweimal quer darüberläuft. Das Reh ist nämlich zunächst über den Weg gelaufen und zwar mehrere Kilometer weit bis zu einem Wäldchen. Dort ist es gestört worden und deshalb wieder zurückgelaufen. Wenn nun ein Wolf oder ein anderes feinnasiges Tier nicht wüßte, welches die letzte Spur sei, so müßte es häufig erst eine ganze Anzahl Kilometer nutzlos laufen. Man ersieht daraus, daß es eine Existenzfrage für das Raubtier ist, ohne Besinnen zu wissen, welche von beiden Spuren zu verfolgen sei.

In der Tat kann auch jedes feinnasige Tier diese Leistung vollbringen zum Erstaunen des Menschen, der sich den Kopf darüber zerbricht, wie das Tier das anstellt.

Kürzlich las ich folgende Erklärung dafür. Das verfolgte Tier stößt schräge Löcher in die Erde. Kommt nun eine Hundenase an die Löcher, so wird sie um so bessere Witterung haben, wenn sie der Spur in der Richtung des verfolgten Tieres folgt. Denn ein schräges Loch wird nur starke Düfte für eine Nase ausströmen, die sich in dieser Richtung befindet. Um dem geneigten Leser die Sache möglichst klarzumachen, wolle er sich vorstellen, daß er ein Glas mit Schokolade oder Kaffee schräg in die Erde steckt. Dann würde man natürlich dieses Glas mit der Nase am leichtesten finden, wenn man so an das Getränk gelangt, daß dem Suchenden die ganze Oberfläche zugedreht ist. Das ist aber nur der Fall, wenn sie in der Richtung des Gehenden bleibt, denn von der anderen Seite wäre durch die schräge Lage des Glases das Getränk fast verdeckt.

Ich brauche mich wohl mit dieser Theorie nicht lange aufzuhalten. Es würde das nur eine Erklärung sein, weshalb das feinnasige Tier nicht die Spur rückwärts verfolgt. Wenn das verfolgte Tier zweimal den Weg gekreuzt hätte, dann nützte selbst die Theorie der schrägen Löcher nichts. Denn in diesem Falle könnte sich der Hund leicht irren und die ältere Spur aufnehmen. Sodann aber ist es nicht wahr, daß jedes Geschöpf beim Gehen oder Laufen schräge Löcher in den Boden stößt. Auf Holzwegen, z. B. Dielen, ja auf Steinen, folgt der Hund der Fährte ebenfalls ohne Besinnen, und da stößt doch niemand schräge Löcher hinein.

Zur richtigen Beantwortung der Frage müssen wir uns die Diffusion der Riechmoleküle vergegenwärtigen. Der Körper eines jeden Geschöpfes strömt unausgesetzt Duftstoffe aus, die zudem bei jedem Tritt, mit dem er die Erde berührt, an der Erde haften bleiben. Von hier aus verbreiten sie sich wiederum oberhalb der betretenen Stelle.

Um ein ungefähres Bild des Vorganges zu haben, stelle man sich eine recht staubige Chaussee vor, in deren Graben jemand läuft, während er mit einer Rute bei jedem Schritt auf den Staub schlägt. Dann bildet sich an jeder getroffenen Stelle dichter Staub, der sich allmählich in die Luft erhebt. Käme nun ein Mensch an diese Chaussee, so würde er nicht eine Sekunde zweifeln, in welcher Richtung der stauberregende Mensch gegangen sei. Wenn wir ihn fragten, woran er sähe, daß der im Graben Befindliche gerade in dieser bestimmten Richtung gelaufen sei, so würde er antworten: Je frischer die Spur ist, desto niedriger und dichter ist sie, je älter, desto höher und dünner. Übrigens kann man ja auch an diesem Merkmal erkennen, in welcher Richtung ein Radfahrer auf einer staubigen Chaussee gefahren ist. Ein anderer Vergleich ist folgender. Jemand steht an einer Stelle, an der vier Teiche zusammentreffen, und wirft in beliebiger Reihenfolge in jeden Teich einen Stein. Sein Nachbar hat sich während des Werfens Augen und Ohren verbunden. Kann er nun, nachdem seine Hauptsinne wieder funktionieren, nachträglich feststellen, in welcher Reihenfolge die Steine geworfen sind? Gewiß könnte er das an den Ringen erkennen, die um so kleiner und höher sind, je jünger der Wurf und um so weiter und flacher sind, je älter er ist.

Auch für das Ohr haben wir einen ganz analogen Vorgang. Wenn wir eine Schallquelle suchen, z. B. wenn uns jemand ruft, dann laufen wir nicht nach der entgegengesetzten Stelle, sondern dahin, woher die Töne immer stärker quellen. Genau das gleiche tut die Hundenase. Weil die Riechmoleküle sich, je länger die Spur steht, desto mehr zerstreuen, deshalb läuft der Hund nach der jüngsten Spur, weil sie dort am dichtesten stehen.

Ich glaube, daß man auf Grund dieser ebenso einfachen wie überzeugenden Vergleiche, sich sehr leicht erklären kann, weshalb ein feinnasiges Tier niemals im Zweifel ist, wo sich die letzte Spur befindet.

Neuntes Kapitel.

Die Kriminalarbeit des Polizeihundes.

Zu den Leitpunkten für die Kriminalarbeit der Polizeihunde, die Robert Gersbach in seinem Buche aufstellt (S. 4 ff.), möchte ich folgendes bemerken.

Es ist sehr verdienstlich von ihm, überhaupt solche Grundsätze aufgestellt zu haben. Das kann mich aber nicht abhalten, ihm da zu widersprechen, wo er sich nach meiner Überzeugung auf unrichtigem Wege befindet.

Gersbach schreibt: „1. Tatort. Der Tatort muß so streng wie möglich und so weit wie möglich abgesperrt werden. Das Ansammeln vieler Menschen in einiger Entfernung vom Tatort ist zu verhindern. Die Zahl der Personen, die den Tatort betreten, ist nach Möglichkeit einzuschränken. Jede Person, die den Tatort betritt oder betreten hat, ist zu notieren. Wer den Tatort betritt, soll auf ihm möglichst wenig herumtreten und nur so lange, als unbedingt erforderlich ist, an ihm verweilen. Kein am Tatort oder in seiner Nähe liegendes Kleidungsstück, Handwerkzeug usw. darf entfernt werden. Vorhandene Fußtapfen sind mit Brettern oder Kisten sorgfältig zuzudecken. Der Wachmann soll den Tatort nicht betreten."

Hierzu möchte ich folgendes bemerken. Über das Bedecken der Fußtapfen mit Brettern usw. werde ich noch ausführlich sprechen (vgl. S. 128). Wenn ein klarer Tag ist, der einen Regenguß höchst unwahrscheinlich macht und das Eintreffen des Polizeihundes in einigen Stunden zu erwarten ist, dann ist das Bedecken geradezu ein Unfug.

Weshalb gerade der Wachmann den Tatort nicht betreten soll, ist unerfindlich. Kein Mensch soll ihn, wenn es irgend möglich ist, betreten. Zurückgelassene Gegenstände sollen nicht bloß nicht entfernt, sondern nicht einmal angefaßt werden.

Nach den früher aufgestellten Grundsätzen ist es von besonderer Wichtigkeit, daß keine Person mit vermutlich gleichartiger Ausdünstung den Tatort betritt. Besteht beispielsweise der Verdacht, daß, wie es so häufig der Fall ist, ein Mann aus den unteren Volksschichten ein Verbrechen begangen hat, dann sind Elemente aus diesen Kreisen mit besonderer Sorgfalt fernzuhalten.

Was Gersbach sodann von der Verschwiegenheit über die Verwendung der Polizeihunde sagt, ist eine praktische und selbstverständliche Maßregel.

Die Behörden, die um Übersendung von Polizeihunden bitten, sollen sich folgende Fragen vorlegen:

a) Wie lange Zeit ist verstrichen seit der Tat?
b) Hat es, nachdem die Tat begangen worden ist, stark geregnet?

Nicht klar ist es, weshalb die sonstigen Temperaturverhältnisse, die von Bedeutung sind, nicht erwähnt werden, beispielsweise, ob starker Schnee gefallen ist, ob große Hitze, trockener Frost usw. herrscht, ob der Tatort vollgestaubt ist usw.

Gersbach schildert dann ausführlich den Transport des Hundes nach dem Tatorte, wobei er vieles übertreibt.

Unzählige Jäger führen ihre Hunde zu den Prüfungssuchen und haben das größte Interesse daran, daß ihr Hund einen Preis erhält. Hierbei beachten sie als selbstverständlich die Grundsätze, daß das Tier nicht abgehetzt anlangt, daß es nicht hungrig ist, denn sonst fehlt ihm das Interesse an der Arbeit, aber auch nicht vollgefressen ist, weil es sonst zu bequem ist. Es soll natürlich alles vermieden werden, was die Nase ungünstig beeinflussen kann. Deshalb soll ihm, besonders an heißen Tagen, Gelegenheit gegeben werden, zu saufen und seine Nase anzufeuchten.

Bei Gersbach heißt es hierüber:

a) Die Vorbereitungen zum Transport sowie der Transport selbst sind mit der größten Ruhe, ohne die geringste Hast, durchzuführen.
b) Unter keinen Umständen darf der Führer sich aufs Rad setzen und den Hund nebenher laufen lassen.

Hierzu ist folgendes zu bemerken. Weshalb gerade die Ruhe eine so bedeutende Rolle beim Erfolge spielen soll, ist nicht recht einzusehen. Natürlich wird ein Jäger, der seinen Hund zur Anschußstelle führen will, jede Ablenkung vermeiden, ihn z. B. nicht mit einem anderen Hunde zusammentreffen lassen, mit dem er, wie das so häufig vorkommt, in grimmiger Feindschaft lebt. Die Vorschrift von Gersbach hört sich beinahe so an, als ob man hierbei nicht laut sprechen dürfte, was selbstverständlich komisch wäre.

Wenn der Hund temperamentvoll und die Strecke nur kurz ist, so kann es ihm absolut nicht schaden, wenn er etwas läuft, vorausgesetzt, daß ihn hierbei keine Ablenkung trifft. Vielen Hunden ist es ein solches Bedürfnis, sich vorher Bewegung zu machen, daß manche Jäger selbst vor Prüfungen, wobei die Tiere den ganzen Tag auf den Beinen sein müssen, ihren Hund sich etwas auslaufen lassen.

Weiter heißt es:

c) Ankunft am Bestimmungsort. Sofort nach Ankunft am Bestimmungsort ist dem Hunde Milch, in die Semmel oder Brot eingebrockt ist, anzubieten. Ist er ein Freund von trockenem Hundekuchen, so hast du ihm solchen zu verabfolgen. Der Hund soll sich nicht satt fressen, sondern nur den Hunger stillen (Anm. d. Verf.: Sehr richtig! Vgl. S. 101). Der Weg zum Tatort selbst ist ohne Hast, und zwar am besten im Wagen zurückzulegen.

Weshalb der Hund gerade Milch am Bestimmungsort saufen muß, ist schwer zu sagen. Wäre Milch ein so vorzügliches Mittel zur Stärkung des Geruchsvermögens, so würde doch längst jeder Jäger bei Preissuchen usw. hiervon Gebrauch gemacht haben. Solche überflüssigen Vorschriften haben doch ihre Kehrseite. Angenommen, daß an einem weltentlegenen Orte keine Milch aufzutreiben ist, dann hegt der Führer möglicherweise die Befürchtung, sein Hund könne nichts leisten.

Ein temperamentvoller Hund, der nach obiger Vorschrift den ganzen Weg zu Wagen zurückgelegt hat, wird gewöhnlich unendlich größere Lust haben, sich zunächst etwas auszulaufen, als eine mühsame

Suche vorzunehmen, bei der er zum Laufen keine Gelegenheit hat.

Die Wagenfahrt hat den Vorzug, daß sie den Hund vor Ablenkung schützt oder wenigstens schützen kann. Dieser ganze Vorzug kann dadurch eingebüßt werden, daß am Orte der Tat — beispielsweise im Walde — ein Förster mit seinem Hunde sich aufhält. Fast jeder Hund wird durch die Anwesenheit eines anderen Hundes in eine gewisse Aufregung versetzt. Das liegt in der Natur der Sache, da der Hund von Hause aus ein geselliges Tier ist. Gleichgeschlechtliche Tiere — also Rüde und Rüde oder Hündin und Hündin — beißen sich gewöhnlich, Hunde von verschiedenem Geschlechte suchen sich gewöhnlich anzufreunden. Hierüber soll später noch genaueres gesagt werden.

In einem solchen Falle, wie wir ihn eben annahmen, ist es viel wichtiger, den fremden Hund beizeiten entfernen zu lassen, als den Polizeihund mit dem Wagen an den Tatort zu bringen und ihn durch einen Artgenossen ablenken zu lassen.

Über die Bahnfahrt schreibt Gersbach: „Kein Hund, der zur Kriminalarbeit transportiert wird, darf in das sogenannte Hundeabteil des Gepäckwagens oder in eine Reisekiste gesteckt werden. Das Tier würde sonst abgeängstigt und nervös und käme mit unbrauchbarer Nase am Tatort an."

Hierzu möchte ich folgendes bemerken. Kein Jäger wird seinen Hund im Hundeabteil transportieren lassen, sondern nimmt ihn ins Coupé. Ob sonst seine Nase gerade im Hundeabteil unbrauchbar würde, muß ich bezweifeln. Ob er abgeängstigt ist, hängt von seinem Naturell ab. An die Nervosität eines gesunden Hundes glaube ich nicht. .Die allgemeine Behauptung, daß z. B. auch Pferde häufig nervös sind, halte ich ebenfalls für irrig, wie ich an anderer Stelle ausführlich dargetan habe. Hier möchte ich nur bemerken, daß ein sogenanntes nervöses Pferd stundenlang mit der Kette spielen, genau wie ein sogenannter nervöser Hund sich am anhaltenden Bellen erfreuen kann, was mit wirklicher Nervosität in unlösbarem Widerspruche steht.

Der Jäger läßt seinen Hund deshalb nicht im Hundeabteil transportieren, weil er ihm zu wertvoll ist, und weil er ihn kontrollieren will. Wo andere Hunde sich befunden haben, besteht stets die Gefahr einer Ansteckung. Schon deshalb wird man einen wertvollen Polizeihund niemals in ein Hundeabteil stecken lassen.

Weiter heißt es: „Die Bahnbehörde ist unter Darlegung der Verhältnisse zu bitten, ein besonderes Nichtraucherabteil für den Führer und den Hund zur Verfügung zu stellen. Unter keinen Umständen darf der Hund in einem Raucherabteil transportiert werden; er würde sonst mit benommenem Kopf und unbrauchbarer Nase am Tatort eintreffen. Der Hund sitzt nicht auf dem sog. Rücksitz, sondern auf dem Vornsitz des Abteils. Die Fenster sind nur an der einen Seite zu öffnen. In das Abteil ist eine Flasche mit reinem Wasser und ein kleiner Napf mitzunehmen; von Zeit zu Zeit ist dem Hunde Saufen anzubieten. Sonst ist der Hund sich vollständig selbst zu überlassen.“

Hierzu sei folgendes bemerkt:

Was die Behandlung des Hundes betrifft, so überschätzt Gersbach die Wirkung des Rauchs. Unzweifelhaft ist dieser für den Hund nicht vorteilhaft. Wäre er jedoch so nachteilig, wie Gersbach annimmt, dann würde kein Jäger in Gegenwart seines Hundes rauchen. In Wirklichkeit sind bekanntlich fast alle Förster sehr starke Raucher, und der Qualm, der sich in manchen Försterstuben und Gasthäusern, wo sich die Hunde aufhalten, entwickelt, ist zehnmal schlimmer als der in Raucherabteilen. Daß die Hundenase hierunter wenig leidet, beruht darauf, daß das Tier sich klugerweise auf die Erde legt, wo sehr wenig von dem Tabaksqualm zu spüren ist. Tatsache ist allerdings, daß nach der Ansicht der meisten Jäger die Nase des Hundes um so mehr leidet, je länger die Bahnfahrt dauert. Gleichgültig ist es hierbei, wie der Hund im Coupé sitzt. Nicht der Rauch dürfte so nachteilig wirken, sondern die fortwährende Erschütterung, unter der die nervenreiche Nase sehr leidet. Auch wird sich der Hund im neuen Terrain (vgl. S. 147) häufig unsicher fühlen.

Über die Vorbereitung der Arbeit des Hundes schreibt Gersbach folgendes:

„Der Führer bittet die Amtsperson, die für die Leitung der Ermittelung zuständig oder abgeordnet ist, ihm alle von ihm für nötig erachteten Fragen möglichst genau zu beantworten. Er bittet ferner, daß außer der leitenden Person niemand ihm und dem Hunde während der Arbeit folgen darf und auch der Leiter, ohne zu sprechen, nur in einer Entfernung von 20—30 Schritt folgen möchte.“

Hierzu ist folgendes zu bemerken:

Die Fährten, die der Führer macht, sind deshalb für die Hundenase wenig nachteilig, weil der Hund dessen Witterung genau kennt. Der Leiter, also etwa der Richter oder Staatsanwalt, soll deshalb nicht sprechen, um den Hund nicht abzulenken. Er soll sich stets so stellen, daß er die Tätigkeit des Hundes sehen kann, denn das gehört zu seinen Pflichten. Anderseits soll er es nach Möglichkeit vermeiden, die Fährten zu verwischen, und zwar um so mehr, wenn der Verdacht bestehen sollte, daß eine Person aus besseren Kreisen das Verbrechen begangen hat. In diesem Falle bestände eine Ähnlichkeit zwischen der Ausdünstung des Leiters und der des Täters. Ob der Leiter, um die hier aufgestellten Grundsätze zu beachten, gerade 20—30 Schritte entfernt sein muß, kommt auf die Umstände an. Ist der Leiter, wie es die Regel ist, zu Wagen nach dem Tatort gekommen, so ist es wohl das zweckmäßigste, daß er von diesem aus der Tätigkeit des Hundes zuschaut.

Die Fragen, die Gersbach aufstellt, sind im allgemeinen praktisch und entsprechen den in diesem Buche aufgestellten Grundsätzen. Sie lauten:

a) Was ist geschehen?
b) Wo ist es geschehen?
c) Wann ist es geschehen?
d) Wer hat den Tatort zuerst, welche Personen außerdem betreten?
e) Ist ein begründeter Verdacht, der sich gegen eine bestimmte Person richtet, vorhanden?
f) Wie ist der Täter oder der durch die Tat Be-

troffene nach den Feststellungen oder Mutmaßungen an den Tatort gelangt?

g) Sind Anzeichen — und welche — ermittelt, die darauf schließen lassen, nach welcher Richtung der Täter den Tatort verlassen hat?

h) Welche Kleidungsstücke und Gegenstände wurden am Tatort gefunden?

i) Wurden Fußspuren entdeckt?
Wie wurden sie behandelt?

k) Welche Umstände erschweren die Arbeit des Hundes?
Länge der zwischen Tat und Arbeit verstrichenen Zeit?
Hat es inzwischen geregnet?
War der Regen stark?
Hielt der Regen an?
War starker Wind?
Stürmte es?
Frost?
Schnee?
Viel belaufene Straßen?
Gepflasterte Straßen?
Hitze?

l) Welche Umstände begünstigen die Arbeit?
Kürze der zwischen Tat und Arbeit liegenden Zeit?
Kühles Wetter?
Arbeit im Walde, wo sich die Spur und Witterung länger hält?
Unbetretene Gegend?
Arbeit am Morgen oder in den Abendstunden?

Starke Witterung?

Windstille?

Manche Fragen — z. B. ob gepflasterte Straßen die Tätigkeit erschweren — braucht der Führer nicht erst zu stellen, denn er kann sich besser davon selbst überzeugen. Sonst müßte er auch fragen, ob Frost, insbesondere trockener Frost, oder trockene Hitze herrschen, die von größtem Einfluß auf die Tätigkeit der Hundenase sind, ferner ob Staubmassen sich auf den Tatort gelagert haben usw.

Das Verfahren des Führers bei der Suche nach den Fährten entspricht der Tätigkeit des Jägers, wenn er seinen Hund suchen läßt. Gersbach schreibt hierüber folgendes:

„Leine den Hund an — sprich mit ihm — tätschele ihn — gib ihm klares, nicht zu kaltes Wasser zu saufen! Laß ihn ruhig und nach bester Möglichkeit Witterung nehmen — laß dir von ihm die Spur zeigen — beruhige ihn! Laß ihn langsam arbeiten — achte genau auf seine Ohren und seine Rute, damit du merkst, wenn er unsicher wird. Laß dir immer wieder die Spur zeigen — immer wieder beruhige ihn — hüte dich, ihn durch den Riemen von der Spur abzuziehen!"

„Verliert der Hund die Spur, dann wende im Bogen um und laß ihn die Spur von neuem arbeiten! Immer wieder kommandiere: „Lang—sam, ru—hig, mein Hund!" Brauche — je nach Lage des Falles — die in der Anweisung gegebenen Hilfen!"

„Vergiß nie, daß der frei arbeitende Hund leicht zu hitzig wird und dann die Spur dort leicht verliert, wo diese durch andere Spuren, Witterungseinflüsse usw. abgeschwächt ist."

„Ist eine Spur verloren gegangen, und gelingt es dem Hunde nicht, sie am Riemen wiederzufinden, dann laß den Hund, nachdem er noch einmal Witterung bekommen hat, von dem Beginn der Spur aus gründlich revieren!"

Hierzu möchte ich bemerken, daß ein nochmaliges Trinken nur da notwendig ist, wo Gefahr besteht, daß die Nase des Hundes trocken ist.

Bei den Vorschriften, die Gersbach aufgestellt hat, vermisse ich folgendes:

Sehr nachteilig kann es werden, wenn eine der beteiligten Personen mit einem Auto zum Tatort gefahren kommt, das, wie das häufig vorkommt, anhaltend seine pestilenzialischen Düfte ausströmt. Es muß energisch darauf gedrungen werden, daß diese Düfte unter keinen Umständen zum Tatort gelangen, wo sie die Hundenase vollkommen lahmlegen könnten.

Wenn ferner zwei Hunde wegen der Schwere des Verbrechens, oder weil man sie zufälligerweise zur Verfügung hat, in Tätigkeit treten sollen, so achte man darauf, ob sie verschiedenen Geschlechts sind. Ist das nicht der Fall, so ist die Reihenfolge ihrer Tätigkeit ziemlich gleichgültig. Sind sie jedoch in dieser Hinsicht verschieden, so lasse man nicht die Hündin, sondern den Rüden zuerst arbeiten, da sonst der Rüde einfach der Fährte der Hündin nachlaufen würde. Irrigerweise könnte man hierin eine Bestätigung des Verdachts finden, während in Wirklichkeit der verliebte Rüde nur an seine Dulzinea denkt. Ist die Hündin heiß, d. h. also läufig, was sich an den angeschwollenen Geschlechtsteilen kundgibt, so ist an eine sachgemäße Arbeit des Rüden nicht zu denken. Bei Prüfungen werden deshalb heiße Hündinnen stets ausgeschlossen. Man muß sich in diesem Falle entscheiden, welchen von beiden Hunden man arbeiten lassen will, und wird natürlich den erprobtesten wählen. Den anderen wird man zweckmäßigerweise entfernen lassen. Bei gleicher Güte läßt man die Hündin zunächst so weit fortbringen, bis sich der Rüde beruhigt hat, und läßt ihn dann in Tätigkeit treten. Nach Erledigung seiner Arbeit und nachdem man ihn fortgebracht hat, läßt man die Hündin arbeiten. Dabei darf man nicht vergessen, daß sie in diesem Zustande niemals so zuverlässig im Spüren sein wird wie sonst. Denn die geschlechtliche Zuneigung spielt nicht nur bei den Menschen, sondern auch in der Tierwelt die allergrößte Rolle.

Einen sehr wichtigen Punkt finde ich in dem Buche von Gersbach ebenfalls gänzlich unerwähnt, daß nämlich die bloße Tatsache, daß ein Hund als Polizeihund verwendet wird, noch keine Gewähr dafür gibt, einen fährtensicheren Hund vor sich zu haben (vgl. S. 157). Ebenso muß sich jeder Hund nach einer langen Bahnfahrt, selbst wenn er im Coupé saß, zunächst erholen.

Wenn sich das Anfassen hinterlassener Gegenstände nicht umgehen läßt, so soll es nicht mit schweißigen und darf niemals mit fettigen Fingern geschehen. Wegen des Einflusses des Fettes auf die Duftmoleküle ist ein eingefetteter Gegenstand, z. B.

der ölige Rand einer Mütze, nur mit Vorsicht zum „Genossenwerden“ des Hundes zu verwenden. Nach Ansicht vieler Praktiker leidet die Nase des Hundes auch sehr unter Meltau (vgl. S. 163).

Auf einige andere Punkte werde ich noch später zu sprechen kommen.

Zehntes Kapitel.

Läßt sich der Polizeihund irreführen? — Der amerikanische Bluthund.

Kann der Hund bei der Verfolgung der Fährte sich irren? Diese Frage ist gerade für die Benutzung des Polizeihundes von der allergrößten Bedeutung, und deshalb wollen wir uns hier näher mit ihr beschäftigen.

Kürzlich war bei Eberswalde, wie die Zeitungen meldeten, ein Garten in vandalischer Weise zertrampelt und verwüstet worden. Der Polizeihund verfolgte eine Fährte und führte zur Kammer eines Mädchens, das so erschrocken über den vierbeinigen Ankläger war, daß es sofort gestand, zusammen mit seinem Bräutigam aus Rache diese Untat verrichtet zu haben.

Könnte es nun möglich sein, daß der Hund auf einen völlig Unschuldigen zuläuft und ihn anbellt?

Gerade weil ich von jeher ein begeisterter Anhänger der Einführung von Polizeihunden gewesen bin, wird man es nicht für Übelwollen auslegen können, wenn ich auf die Schattenseiten seiner Verwendung aufmerksam mache, die darin bestehen, daß er, wie selbst der Mensch, durch geriebene Verbrecher irregeführt werden kann. Direktor Gersbach hat es zwar kürzlich wiederum bestritten, ohne aber auch nur den Versuch zu machen, seine Ansicht zu begründen. Ich will daher im nachstehenden kurz auseinandersetzen, weshalb es ganz selbstverständlich ist, daß auch ein Polizeihund getäuscht werden kann.

Daß der Hund einer Fährte folgen kann, beruht, wie wir wissen, darauf, daß der ganze Körper, insbesondere der Fuß und die Fußbekleidung, Duftmoleküle ausströmt, die regelmäßig am Erdboden haften bleiben, da Erde zu den Stoffen gehört, die Gerüche binden, zum Teil bei Windstille in der Luft verharren, aber naturgemäß nur auf kurze Zeit. Diese in der Luft schwebenden Geruchsmoleküle kommen bei dem Polizeihunde fast niemals in Frage, da er kaum vor zwölf Stunden in Tätigkeit tritt und eine so lange andauernde absolute Ruhe ohne jede Luftbewegung in unserem Vaterlande zu den größten Seltenheiten gehört.

Maßgebend ist also die Fährte, die bei uns, da fast alle Menschen eine Fußbekleidung tragen, vom Stiefel bewirkt wird. Verbrecher auf dem Lande gehören fast alle Volkskreisen an, die stark schwitzen und neue Stiefel nur ausnahmsweise tragen. Deshalb kann der Polizeihund auf dem Lande die schönsten Erfolge mit seiner Nase erzielen.

Wird nun der Hund getäuscht, wenn sich ein geriebener Verbrecher vor der Ausführung der Tat die Stiefel eines andern, ein Knecht z. B. die eines anderen Knechtes anzieht?

Nehmen wir den analogen Fall bei unseren Kriminalbeamten vor Einführung der Polizeihunde. Ein Knecht will bei hohem Schnee einem Förster auflauern, der ihn und seinen Kollegen beim Wildern ertappt hat. Er zieht sich zur Nachtzeit des anderen Stiefel an, schleicht sich in den Wald und erschießt den Förster. Polizeibeamte untersuchen die Spuren am Ort der Tat und finden, daß die Stiefel des einen Knechtes, der in Wirklichkeit unschuldig ist, ganz genau in die verdächtigen Spuren passen. Kann hier irgendein Mensch im Zweifel sein, daß durch das Manöver des wirklichen Täters ein Unschuldiger in einen höchst gefährlichen Verdacht geraten ist?

Von der Richtigkeit der Ansicht, daß für den Hund das Schuhwerk maßgebend ist — daß er sich also irrt, wenn man fremdes Schuhwerk anzieht —, habe ich mich so oft überzeugt, daß ich gegenteiligen Nachrichten so lange keinen Glauben schenke, bis ich mich mit eigenen Augen davon überzeugt habe. Wenn natürlich jemand erzählt, daß er über das Feld gelaufen sei und sich unterwegs ein Paar fremde Stiefel angezogen habe, trotzdem aber vom Hunde weiter verfolgt worden sei, so ist das eine ganz natürliche Handlungsweise des Tieres. Selbstverständlich wird ein Hund, wenn auf verlassenem Felde eine Spur aufhört und dicht daneben eine neue anfängt, dieser folgen, da bisher die Menschen sich noch nicht in die Lüfte erheben.

Nehmen wir einen analogen Fall bei uns Menschen an. Ein Polizeibeamter verfolgt einen Mann, der in ein Wäldchen flüchtet, wo er wie vom Erdboden verschwindet. Zu gleicher Zeit taucht in der einsamen Gegend urplötzlich eine Frauensperson auf. Der Polizist müßte nun doch sehr beschränkt sein, wenn er sich diese Frau nicht näher darauf ansehen wollte, ob der Verbrecher sich nicht etwa inzwischen verkleidet hat.

Das Verwischen und Verschleiern der Fährten spielt ja seit uralten Zeiten eine bedeutende Rolle bei Verbrechen und im Kriege. Der Riese Cacus stahl nach der Sage dem am Tiber weilenden Herkules die Rinder des Geryon und zog sie an den Schwänzen in seine Höhle. In Indianergeschichten ist das Unkenntlichmachen der Fährte zur höchsten Blüte entwickelt, indem man Pferden die Eisen verkehrt annagelt, bei der Flucht zu Pferde von ihm in ein Gebüsch abspringt und es weiter laufen läßt usw. In Indien gibt es gewerbsmäßige Diebesfänger, die sogenannten Khojis (vgl. S. 64), die den Rinderdieben nachspüren — selbstverständlich mit den Augen, wobei die Verbrecher die größten Listen, z. B. Umhüllen der Füße usw., anwenden. Natürlich wird ein Polizist, der aus Erfahrung weiß, daß allerlei Listen üblich sind, eine Fährte kritisch betrachten, genau wie er zur Nachtzeit mit der Möglichkeit rechnet, daß eine Person in Frauenkleidung ein Mann sein kann u. dgl. So könnte auch mit der Zeit ein Polizeihund dahinter kommen, daß die Geruchsmoleküle einer Fährte zunächst nicht maßgebend sind, sondern erst dann, wenn sich auf die Dauer kein anderer Beigeruch bemerkbar macht. An sich wird er naturgemäß die Ausdünstung des Stiefels für maßgebend halten, der ja den Eigengeruch des Trägers zunächst verdeckt.

In dem Allensteiner Drama riet deshalb die Majorin mit Recht ihrem Liebhaber, bei Ausführung der Tat sich Strümpfe — selbstverständlich getragene — von ihrem Manne anzuziehen. Jeder Polizeihund wäre dadurch irregeführt worden.

Ist ein fremder Stiefel noch ziemlich neu, und ist der Verbrecher ein Mensch mit ausgeprägtem Geruch, z. B. ein Neger, der vielleicht schwitzt oder gar einen Schweißfuß hat, so wird unter solchen Umständen natürlich jeder Polizeihund stutzig werden, da er außer den Duftmolekülen des Stiefels noch die andersartigen des Trägers wittert. Da die letzteren bei jedem Schritte stärker werden, so kommt der Hund bald dahinter, daß hier Stiefel von einer fremden Person benutzt sind.

Von solchen Ausnahmen abgesehen, wird man also sagen müssen, daß ein Polizeihund sich verhältnismäßig leicht durch das Tragen fremder Fußbekleidungen täuschen lassen kann. Das kann seiner Verwendung nicht im mindesten im Wege stehen. Kein Gesetz denkt daran, auf Zeugen und Urkunden zu verzichten, obwohl jeder weiß, daß Meineide keine seltene Ware und Urkunden häufig gefälscht sind. Manche Verbrecher hatten sich als Meineidsfabrikanten einen Namen erworben, ich erinnere nur an den Meineidsmüller Vetter und den Meineidsschlosser Orthmann (wenn ich nicht irre) aus den achtziger Jahren. Wo viel Licht ist, da ist auch viel Schatten. Nur soll der Richter sich stets gewärtig halten, daß auch bei dem Polizeihund die Möglichkeit einer Täuschung nicht ausgeschlossen ist.

Auch darf nicht übersehen werden, daß selbst die Leistung eines getäuschten Polizeihundes für den Kriminalbeamten von der größten Bedeutung ist. Denn bei einem zuverlässigen Polizeihunde weiß er mit Sicherheit, daß jedenfalls die Fußbekleidung von dem Täter getragen worden ist. Hat sich also ein routinierter Verbrecher bei der Ausführung der Tat fremde Stiefel angezogen, so hat der Kriminalbeamte unter allen Umständen den höchst wertvollen Fingerzeig, daß nur ein Täter in Frage kommt, der Gelegenheit hatte, sich unbemerkt der fremden Fußbekleidung zu bemächtigen.

Auch braucht wohl nicht erst darauf hingewiesen zu werden, daß selbst wahrheitsliebende Menschen infolge der Maßnahmen fremder Halunken objektiv Falsches beschwören. Von solchen Verbrechen ist mir z. B. folgendes im Gedächtnis haften geblieben. X. begeht einen Einbruch oder ein ähnliches Verbrechen, wird hierbei aber überrascht. Er begibt sich unmittelbar darauf in ein Gasthaus, wo zurzeit niemand weilt, außer der in der Küche befindlichen Wirtin. Ungesehen stellt er die Uhr um eine halbe Stunde zurück und fragt dann scheinheilig die Wirtin, wie spät es sei. Diese schaut nach der Uhr und gibt ihm die angezeigte Stunde an. Nach einiger Zeit entfernt er sich, nachdem er die Uhr wieder richtig gestellt hat. Als der Gendarm, der den Verbrecher erkannt hat, diesen anzeigt, beruft sich der Täter auf das Zeugnis der Wirtin, die mit gutem Gewissen beschwört, daß der Angeschuldigte zur Zeit der Tat sich in ihrem Lokal befunden hat. Da die Wirtin allgemein als wahrheitsliebend bekannt war, so wurde der Angeklagte freigesprochen, indem man einen Irrtum des Gendarmen annahm. Dieser nahm sich den Vorfall so zu Herzen, daß er sich erschoß. Erst später kam der wahre Sachverhalt zutage. Trotz solcher Irrtümer wird man niemals auf das Zeugnis von Menschen bei Prozessen verzichten wollen.

Den vorstehend geschilderten Vorfall las ich damals in einer angesehenen Tageszeitung, und ich habe keinen Anlaß, an seiner Wahrheit zu zweifeln. Sollte er fingiert gewesen sein, so wäre das für unsere hier erörterte Frage gleichgültig. Denn es kommt nur darauf an, ob ein solcher Fall denkbar ist. Das wird kein Verständiger bestreiten wollen. Auf die Irrtümer, denen Zeugen unterliegen, hat besonders Professor Groß aufmerksam gemacht. (a. a. O. S. V.)

Wer noch irgendwie daran zweifeln sollte, daß für den Hund die Fußbekleidung von der allergrößten Wichtigkeit ist, den verweise ich auf die eingehende Schilderung des nordamerikanischen Bluthundes und seiner Tätigkeit, die in der New Yorker Staatszeitung kürzlich veröffentlicht war und deren Verfasser Dr. von Kadich ist. Herr von Kadich ist ein bekannter Jagdschriftsteller, der in der alten und neuen Welt viele Jahre gejagt und sich in seinen Jagdberichten als guter Beobachter gezeigt hat. Seine Ausführungen sind deshalb von großer Bedeutung, wenngleich ich ihnen nicht in allen Punkten zustimmen kann. Sowohl in diesem Punkte als auch in dem Streitpunkte, der sich in dem Grünauer Mordprozeß erhoben hat, steht er vollkommen auf meiner Seite.

Ich lasse daher seine Schilderung, teilweise wortgetreu, folgen.

Er schreibt folgendes:

„Die eigentliche Arbeit des Bluthundes begann und beginnt heute noch mit dem Aufnehmen der Witterung, dem Aufsaugen des Geruches der Spur oder Fährte.

Wir nehmen an, eine Person ist in der Nacht aus einem Gefängnis ausgebrochen und wird bei der Revision am Morgen vermißt.

In der leeren Zelle findet sich für menschliche Sinnesorgane gar kein Anhaltspunkt, und doch haftet überall jene spezifische Atmosphäre, welche jeder Mensch ausströmt, jenes undefinierbare Fluidum, das vom Individuum ausgegangen ist, sich den Wänden, dem Bettzeug, den wenigen Gegenständen, mit welchen der Gefangene in Berührung kam, mitgeteilt hat.

Der Bluthund wird nun — ‚genossen gemacht‘, d. h. er wird in die Zelle geführt, um hier die Witterung dieses einen Individuums in sich aufzunehmen, welche er in den nächsten Stunden behalten, kennen und von den anderen unterscheiden soll.

Dem Hunde wird alles, was in den letzten Stunden von dem Entflohenen getragen, berührt und benützt worden sein könnte, ausdrücklich vorgehalten, er bekommt es zu riechen und nimmt nicht nur den spezifisch-eigentümlichen Geruch derartiger Gegenstände, wie eines Schuhes, Hosenträgers, Strumpfes oder Fußlappens in sich auf, sondern er wird — auf die Probe gestellt — auch imstande sein, sich unter den gleichgekleideten, uniformaussehenden und infolge der gleichen Nahrung, der gleichen Lebensweise scheinbar gleichduftenden Sträflingen umherzubewegen, ohne sich mehr um die Menge derselben zu bekümmern, als von einem zum andern zu laufen, die Nase hochzunehmen und sehr gleichgültig abzuwarten, bis ihn das kleinste Atom jener Witterung trifft, die er kennt, weil er auf sie hingewiesen, auf sie angelegt wurde.

Gewöhnlich wird dann das Gefängnisgebäude mit diesem einen Hunde, dem „Finder" — meistens einem alten und verläßlichen Praktikus — umschlagen, d. h. der Hund wird in weitem Umkreise — „im Zirkel", wie man sagt — am Riemen oder an einer langen Leine um die Mauern geführt und hat nun zu finden. Er hat den Platz, auf welchem ein Ziegelstein gelockert ist, die Stelle, an der losgebröckelte Kalkklümpchen liegen oder gelegen haben, weil sie vom Morgenwinde verweht wurden, den schmalen Raum zwischen zwei eisernen Gitterstäben, über welche der Mann geklettert ist und das Freie, die Straße erreicht hat, zu entdecken und zu zeigen und tut dies auch, indem er einfach seiner — Nase nachgeht.

Auf vielbegangenen, staubigen Straßen oder sandigen Wegen führen zahllose menschliche Tritte und Spuren kreuz und quer, bunt durch- und übereinander; aber der erfahrene Bluthund beachtet keine einzige, bis er auf die seine kommt, bis ihm ein günstiger Lufthauch in die weitaufgeblähten Nüstern jene Witterung trägt, welche er kennt. Und dieser einzigen Spur, die er deutlich markiert — ein Hund tut dies durch kurzes Aufheulen, der andere legt sich nieder und fängt mit den Vorderpfoten zu scharren an, der dritte winselt ganz leise —, folgt er nun, am Riemen oder gelöst, gewöhnlich mit lautem Hals bis zum Ende.

Der Mensch vermag in den seltensten Fällen einen Unterschied zwischen den einzelnen Tritten zu erkennen, aber der Bluthund unterscheidet genau und findet seine Spur noch, zwar nicht mit den Augen, aber mit der Nase, selbst nach zwölf Stunden.

Wohl besitzt der Neger eine spezifisch andere Ausdünstung als die Rothaut, und der Weiße eine andere als der Chinese — doch das sind schließlich Unterschiede, welche jeder Mensch mit halbwegs feinen Geruchsnerven namentlich im Sommer herauserkennen kann; der verläßliche Bluthund unterscheidet aber auch die Spuren zweier weißer Sträflinge, welche nebeneinander liegende Zellen bewohnt haben, wobei es merkwürdig ist, daß der Hund die Fährte eines Menschen, der auf seiner Flucht Schuhe oder Stiefel anbehielt, viel müheloser verfolgt als die eines Barfüßigen. An dieser einen Spur, auf welcher er von allem Anfang an angelegt wurde, oder deren Richtigkeit er durch den Geruch selbst festgestellt hat, hängt und klebt er vom Start weg, wie dies eben nur der Bluthund zu tun vermag; er findet sie unter hunderten heraus, verfolgt sie durch dick und dünn stunden- und selbst tagelang durch Wald und Gebirg, über Wege und Straßen, auf denen die ursprüngliche Fährte von anderen, frischen, schärfer riechenden gekreuzt und vertreten ist, er hängt ihr nach über Sandboden oder Moorgrund, durch den Swamp (Sumpf) und über

Felsgestein, überschwimmt Flüsse und Seen von einem Ufer zum anderen und arbeitet diese für ihn einzig existierende Spur aus bis zum — finish.

Gerade dieses gestaltet sich in den allermeisten Fällen ganz anders, als sich Menschen, welche Bluthunde niemals wirklich arbeiten gesehen, denken oder vorstellen können: gar nicht blutig und — abgesehen von der Hetze, deren Dauer ja vom Flüchtling abhängt — auch nicht besonders grausam. — — —

Der gute Hund folgt der einmal aufgenommenen Spur mit der Nase auf dem Boden, gebraucht während dieser Folge niemals seine Augen und hebt beide erst, wenn nach längerer Hetzjagd die Bodenfährte plötzlich aufhört.

Dann hat er gewöhnlich nicht weit in der Höhe, auf Bäumen, Felsklippen oder anderen hochragenden Punkten Umschau zu halten, um jenen zu entdecken, den er so genau kannte, ohne ihn bisher gesehen zu haben — und nun verheult er sowohl den Ort wie den gefundenen Mann.

Der Bluthund schlägt tief und dumpf an, er heult langgezogen und unheimlich wie der Grauwolf des nordwestlichen Urwaldes — er bellt nicht.

Die hier von Anfang bis zum Ende kurz skizzierte Arbeit des Hundes, welche bei sehr lange andauerndem Hetzen — namentlich in wasserlosen Gebieten oder bei heißem Wetter und in kupiertem Terrain — die härtesten Proben zu bestehen hat, setzt sich zwar aus sehr vielen, keineswegs aber aus unbegreiflichen psychologischen Momenten zusammen, wie man vielleicht annehmen könnte.

Zunächst ist der Bluthund Spezialist in seinem Fache; er kennt keine Jagdpassion, ihn verlockt keine Wildspur, er ist keiner Ablenkung ausgesetzt wie andere Hunde, sondern besitzt nur ein einziges Orientierungsvermögen, nur ein Sinnesorgan, das ihn leitet und lenkt — das ist seine Nase, sein hochentwickelter, durch viele Generationen angezüchteter und fortvererbter Geruchssinn.

Es ist interessant, daß der Bluthund die Fährte von Farbigen — Negern, Indianern und Chinesen — viel lieber aufnimmt und leichter hält als die Spur von Weißen; erstere vermag er — vorausgesetzt, daß die Luft nicht zu trocken und die zurückgebliebene Witterung nicht gar zu alt ist — selbst dann zu verfolgen, wenn die Flüchtlinge beritten waren oder im Wagen fuhren, während er in diesem Falle bei Weißen gewöhnlich versagt."

Ich stimme, wie ich schon erwähnte, nicht in allen Punkten mit von Kadich überein, aber in der Hauptsache ist seine Schilderung jedenfalls zutreffend.

Elftes Kapitel.

Wie schützt man den Verbrechensort bis zum Eintreffen des Polizeihundes?

Es ist selbstverständlich von der allergrößten Wichtigkeit, daß bis zum Eintreffen des Hundes der Tatort möglichst unverändert bleibt. Die Tätigkeit der Hundenase ist nach unseren bisherigen Erörterungen davon abhängig, daß die Duftmoleküle, die der Verbrecher hinterlassen hat, möglichst unbeeinflußt bleiben. Dieser Wunsch, so berechtigt er an sich ist, bleibt in der rauhen Wirklichkeit nur zu leicht unberücksichtigt.

Betrachten wir einmal die Störenfriede etwas näher. Hierbei muß man zwischen belebten und öden Gegenden unterscheiden.

Es liegt auf der Hand, daß in menschenleeren Orten die Verhältnisse für die Hundenase am günstigsten liegen. Umgekehrt erweist sich die Großstadt am ungeeignetsten für die Tätigkeit des Polizeihundes, soweit das direkte Aufspüren des Verbrechers in Betracht kommt. Denn die Unmenge der Personen, die eine Stelle betreten, muß natürlich die Duftmoleküle des Verbrechers verwischen. Wenn wir uns einen analogen Vorgang für uns Menschen anschaulich machen wollen, so müssen wir daran denken, wie leicht es ist, einen Bekannten in einem wenig besuchten Lokal aufzusuchen, und wie schwer, dieselbe Person aus einer Versammlung von mehreren tausend Besuchern herauszufinden.

Dagegen können in der Großstadt die Polizeihunde Großartiges im Rekognoszieren des Verbrechers leisten, worauf noch in diesem Kapitel zurückgekommen werden soll.

Aber selbst in einer menschenleeren Gegend ist die Ruhe der Duftmoleküle sehr gefährdet. Einmal pflegen Örtlichkeiten, je seltener sie vom Menschen besucht werden, desto mehr vom Wilde und anderen Tieren bevorzugt zu werden. Immerhin ist es ein Vorteil, daß scharenweises Auftreten von Wild in unserer Heimat beinahe ausgeschlossen ist, ferner daß die Ausdünstung des Tieres von der des Menschen verschieden ist.

Sodann kommen die Elemente in Betracht. Wie wir schon früher erwähnten, ist die Luft bei uns nur ausnahmsweise vollkommen ruhig. Auf Waldblößen, die rings von hohen Bäumen eingeschlossen sind, mag es an einem heißen und windstillen Tage einmal vorkommen, daß sich die Luft viele Stunden lang nicht bewegt, aber das sind Ausnahmefälle, die für die Praxis kaum in Betracht kommen. Für gewöhnlich wird an den Stellen, wo ein Verbrechen geschieht, namentlich auf Wegen, ein Luftzug sein, der die von dem Leibe des Täters ausgehenden Duftatome nach kurzer Zeit entführt. Aber auch die von der Erde festgehaltenen Geruchsmoleküle der Fährten sind bei starkem Winde naturgemäß sehr gefährdet. Selbstverständlich wird der Unterschied sehr erheblich sein, falls der Tatort sich auf einer dem Winde ausgesetzten Anhöhe befand, oder falls die Fährten durch ihre Lage in einer Senkung geschützt sind. Eine oberflächliche Spur ist ferner offenbar mehr gefährdet als eine solche, die im weichen Boden sehr tief ist.

Ein fernerer Feind der Duftatome sind die starken Niederschläge, insbesondere starke Regen und dichter Schnee, ferner starker Staub. Ein feiner Regen würde nichts schaden, sondern unter Umständen von Vorteil sein. Das beruht darauf, daß an heißen Tagen die Trockenheit der Luft groß ist. In solchem Zustande sind aber die Duftatome wenig regsam. Bei der Hühnerjagd an heißen Augusttagen macht man häufig die Beobachtung, daß die Jagdhunde versagen, weil sie bei der großen Trockenheit nichts wittern können.

Nichts wäre daher verkehrter als an einem heißen und trockenen Sommertage die Polizeihunde an den Ort der Tat zu führen und nach dem Verbrecher suchen zu lassen. Viel richtiger ist es, sich den Jäger zum Vorbild zu nehmen, der an solchen Tagen den Abend mit seinem Tau abwartet. Was der Hund zur Mittagshitze nicht vermochte, leistet er manchmal spielend, sobald es feucht geworden ist.

Noch schlimmer als trockene Hitze ist trockener Frost, da die Kälte ebenfalls auf die Regsamkeit der Duftmoleküle hindernd einwirkt. Nur läuft bei trockenem Froste die Hundenase nicht so Gefahr, wie bei trockener Hitze, daß sie selbst trocken und damit gebrauchsunfähig wird.

Zu diesen Störungen, die den Geruchsatomen von den Elementen drohen, kommen in belebten Gegenden, wie wir schon erwähnten, die Verwischungen durch andere Personen. Gerade ein Verbrechensort wird mit Vorliebe von unzähligen Neugierigen betreten und zertrampelt werden, die dadurch, ohne es zu wollen, dem Verbrecher die besten Dienste erweisen, dem Polizeihund dagegen die größten Schwierigkeiten bereiten.

Der Jäger wird unter diesen Hindernissen kaum jemals leiden, da es in der Natur der Sache liegt, daß sich die Jagd in menschenleeren Gegenden abspielt. Hat er einem Hirsch oder Bock einen tödlichen Schuß beigebracht, was wohl meistens zur Abenddämmerung geschieht, so wird er die Anschußstelle „verbrechen“, d. h. zum Zwecke des Wiederfindens mit Kiefern- oder andern Zweigen bedecken. Natürlich werden die Duftmoleküle des angeschossenen Tieres auch durch diese Bedeckung mit Zweigen etwas geschützt werden. Am andern Morgen wird die gekennzeichnete Stelle mit dem Hunde aufgesucht, der die Fährte des getroffenen Wildes aufnimmt. In der Zwischenzeit pflegt die Verwundung ihre Wirkung ausgeübt zu haben. Der „kranke“ Bock hat sich nieder„getan“, d. h. zur Erde gelegt und ist verendet oder liegt im Verenden, so daß er dem Hunde nicht mehr entfliehen kann.

Der Jäger schützt also die Fährte des Wildes für die Hundenase so gut wie gar nicht. Er hat es auch nicht nötig aus folgenden Gründen.

Ein Betreten des Platzes durch fremde Personen in der Zwischenzeit — die fast immer Nachtzeit sein wird — ist so gut wie ausgeschlossen.

Ferner schützen die Kiefernäste gegen etwas Regen. Ein Verwischen der Fährte durch die Kiefernzweige ist fast unmöglich, da der Jagdhund ganz genau deren Geruch kennt und eine Verwechselung mit dem des Wildes vollkommen ausgeschlossen ist.

Da angeschossenes Wild mit Vorliebe in den Wald flüchtet, wo der Wind am wenigsten wirksam ist, so sind Beeinflussungen der Fährte durch starken Wind bei der Suche wenig zu befürchten. Staubmassen pflegen sich dort auch niemals geltend zu machen.

Für den Jäger bleibt als Hauptfeind nur der Platzregen übrig. Da am andern Morgen, wo er mit dem Hunde tätig sein will, fast immer Tau vorhanden sein wird, so kann ihm selbst die Trockenheit kaum einen Streich spielen.

Gäbe es nun ein einfaches Mittel, die Fährte bis zum andern Morgen gegen einen etwaigen Platzregen zu schützen, so würde sicherlich der Jäger gern hiervon Gebrauch machen. Es ist jedoch einleuchtend, daß es für ihn solche Mittel nicht geben kann. Wohl könnte er die Stelle, wo der Bock getroffen wurde, mit seinem Lodenmantel bedecken und dadurch selbst gegen einen starken Regen schützen — aber was wäre damit gewonnen? Die eigentliche Fährte wäre durch den Regen verwischt, auch hätte er den dicken Mantel noch besonders mitschleppen müssen. Denn normalerweise wird man den Rehbock bei warmem Wetter schießen, wobei man keinen Lodenmantel trägt.

Schließlich kommt noch in Betracht, daß der Verlust eines Bockes wohl schmerzlich für den Jäger, aber doch schließlich nicht unersetzlich ist. Gerade der Jäger weiß am besten, wie häufig einem noch im letzten Augenblicke eine anscheinend ganz sichere Beute entwischt.

Ganz anders liegen die Verhältnisse bei dem Polizeihunde. Greifen wir einen beliebigen Fall heraus, z. B. den mehrfach erwähnten, der sich bei Grünau ereignete, wo im Sommer 1908 eine Frau ermordet aufgefunden wurde, deren Mörder durch den Polizeihund ausfindig gemacht wurde. Was soll in einem solchen Falle zum Schutze der Fährten von seiten der Polizeibeamten geschehen?

Selbstverständlich soll eine solche Stelle zunächst abgesperrt werden, damit sie nicht von Neugierigen usw. betreten wird.

Nun kann es leicht vorkommen, daß ein Gewitter im Anzuge ist und Gefahr besteht, daß die Spuren vollständig verwischt werden.

Robert Gersbach schreibt in seinem Buche (S. 4) vor, daß vorhandene Spuren mit Brettern oder Kisten sorgfältig zuzudecken sind. So sehr ich die Tätigkeit von Gersbach schätze, so kann ich mich mit dieser Anordnung nicht einverstanden erklären. Man bedenke, daß der Durchschnittspolizeibeamte, der diese Anordnung liest, kein Bedenken tragen würde, beispielsweise eine leere Käsekiste oder das Brett eines Düngerwagens zu benützen. Wenn auch die Hundenase anders organisiert ist als die menschliche, so müssen starke Gerüche unzweifelhaft geeignet sein, vorhandene Duftmoleküle zu unterdrücken. Hierzu kommt, daß Holz, namentlich rauhes, zu den Stoffen gehört, die Gerüche festhalten. Es ist also an sich ganz ungeeignet, zur Vermeidung der Verwischung von Duftmolekülen verwendet zu werden.

Die seltsame Vorschrift in diesem Buche kann ich mir nur so erklären, daß sie aus dem Handbuche für den Untersuchungsrichter von Professor Groß übernommen ist. Dort heißt es, daß der Richter, der die Spuren — scil. für die Besichtigung durch die Augen — schützen will, sie in der oben gekennzeichneten Weise bedecken soll. Hier ist diese Methode ganz angebracht; denn mag ein Brett noch so sehr nach anderen Dingen duften, so beeinflußt dieser Umstand das Aussehen der Fährte in keiner Weise. Was aber für das Auge gilt, ist noch lange nicht für die Nase maßgebend.

Wollte man die Fährten vor der Berührung mit den Brettern dadurch schützen, daß man Steine als Untersätze wählt, so würde unterhalb des Holzes ein Luftzug entstehen, der gerade vermieden werden soll.

Es scheint nicht aussichtslos zu sein, solche Apparate zu konstruieren, die möglichst geruchlos sind, ferner keine Duftmoleküle festhalten und schließlich keinen künstlichen Luftzug hervorrufen*). Bis zu deren Konstruktion würde ein entsprechend großer Regenschirm, wie ihn beispielsweise die Hotels besitzen, immer noch bessere Dienste leisten als die vorgeschlagenen Bretter. Allerdings hat ein solcher Schirm den großen Nachteil, daß er schlecht befestigt werden kann.

Am idealsten wäre es ja, den ganzen Ort luftleer zu machen oder, da das unmöglich ist, wenigstens die zurückgelassenen Gegenstände unter eine Luftpumpe zu bringen. Das wäre jedoch zu kostspielig, und der Vorteil wäre durch das Anfassen stark beeinträchtigt.

Der Apparat muß natürlich von heller Farbe sein. Da schwarze Farben die Gerüche auffallend

*) Da mich dieser Gedanke lebhaft beschäftigt hat, so habe ich von der Firma Wilh. Langenbruch, Berlin SO. 16, einen solchen Apparat konstruieren lassen. Zu näherer Auskunft bin ich auf Anfragen von Behörden gern bereit.

stark anziehen, da ferner jede Krankheit ihre bebesondere Ausdünstung ausströmt, so ist hieraus ersichtlich, wie grundverkehrt es ist, daß die Krankenwärterinnen schwarze Kleider tragen.

Wie wichtig die Konstruktion eines Fährtenkonservators für die Tätigkeit des Polizeihundes ist, darauf möchte ich noch zum Schlusse etwas näher eingehen. Sollte ein solcher Apparat aufgestellt sein und einen Platzregen oder Staubmassen vom Orte der Tat abgehalten haben, so wäre das für die Entdeckung des Verbrechers von der größten Wichtigkeit. Denn wenn auch der Polizeihund außerstande wäre, die Fährte weiter zu verfolgen, so wüßte er trotzdem die Ausdünstung des Täters genau, die wir einmal mit einer Zahl als Nr. 123 bezeichnen wollen. Käme nun, wie es bei Verbrechen so häufig ist, eine Reihe von Personen als Täter in Verdacht, so brauchte der Kriminalbeamte sich von den betreffenden Verdächtigen nur ein Kleidungsstück oder ein Paar Stiefel oder eine Mütze zu besorgen und dem Hunde vorzuhalten. Die feine Nase sagt dem Tiere, ob hier Nr. 123 das fragliche Objekt getragen hat. Ist es der Fall, so würde es bellen, wie ja auch der Polizeihund in dem Grünauer Falle die Fährte des Verbrechers nicht verfolgen konnte, weil dieser mit der Eisenbahn fortgefahren war, jedoch später seine Mütze verbellte.

Insofern kann also auch in der Großstadt beim Rekognoszieren des Verbrechers der Polizeihund unersetzliche Dienste leisten.

Dem Jäger würde ein solcher Fährtenschutz nichts nützen, sonst hätte man sicher längst einen solchen konstruiert. Was hat er davon, wenn sein Hund die spezielle Ausdünstung des Bockes kennt, aber seiner Fährte wegen des Platzregens nicht zu folgen vermag?

Da Polizeihunde vielfach erst nach einem oder zwei Tagen eintreffen, weil bisher nur ein Teil der Polizeibehörden mit diesen Tieren versehen ist, so liegt es auf der Hand, wie wichtig der Fährtenschutz bis zum Eintreffen der Tiere ist. Augenblicklich liegt die Sache so, daß das schwerste Verbrechen ungeahndet bleiben kann, weil der Täter das Glück hat, daß vor dem Eintreffen der Polizeihunde ein Platzregen oder dgl. seine Spuren verwischt.

Zwölftes Kapitel.

Wie erklärt sich die verschiedene Feinheit der Nasen bei den Hunden?

Daß ein Hund mit seiner Nase mehr leistet als ein anderer, ist für den Jäger eine so bekannte Tatsache, daß jedes Wort hierüber überflüssig ist. Bei Hundeprüfungen, wo z. B. die Feinheit der Nase geprüft wird, kann sich jedermann davon überzeugen, daß zwei Hunde, die gleichzeitig ein Gelände absuchen, Verschiedenes leisten. Während der eine plötzlich anzieht, weil er die Witterung eines Wildes in die Nase bekommen hat, läuft der andere, der sich ganz in der Nähe seines Artgenossen befindet, ahnungslos weiter. Daß ferner der englische Pointer, der ausschließlich auf Hühner dressiert ist, auf seinem Spezialgebiete, im schnellen Ausfindigmachen etwa vorhandener Hühner, dem deutschen Jagdhunde überlegen ist, hat noch niemand bestritten. Deshalb wird der deutsche Jäger doch bei seinem Gebrauchshunde bleiben, denn er verlangt von ihm etwas mehr als schnelle Hühnersuche. Zu solchen Mehrleistungen ist aber wiederum der Pointer nicht zu gebrauchen.

Die herrschende Meinung erklärt diese Verschiedenheit der Nasenleistungen durch ihre verschiedene Güte. Dieser Grund hat etwas Bestechendes für sich, und deshalb ist es erklärlich, daß er von den meisten Menschen als Wahrheit angesehen wird.

Trotzdem scheint es mir zweifelhaft zu sein, ob die herrschende Ansicht richtig ist. Ich möchte meine Bedenken im nachstehenden näher begründen.

Gehen wir von einem praktischen Falle aus. Was man für Leistungen selbst von unseren besten Jagdhunden sieht, dafür möchte ich folgenden Fall aus einer Gebrauchshundprüfung der jüngsten Zeit anführen. Ein totes Kaninchen wurde über das Feld, zum Teil über frisch gepflügten Acker, etwa zwei- bis dreihundert Schritt an einer Stange in ein Wäldchen geschleppt und dort etwa hundert Schritt weiter hingelegt. Fünf kurzhaarige Hunde, die keine Viertelstunde später auf diese Spur losgelassen wurden, konnten, obwohl sie vorher die Feinheit ihrer Nase bei der Hühnersuche bewiesen hatten, die Spur des Kaninchens nicht halten, und selbst die Hunde, die das Kaninchen fanden, hatten die Bogen nicht ordentlich ausgearbeitet. Ein Laie, der zum ersten Male dieser Prüfung beigewohnt hätte, würde sicherlich erklärt haben, daß die ganzen Behauptungen von der

Feinheit der Jagdhundnasen eitel Humbug seien, wie diese Kaninchenschleppe eben bewiesen habe. Wie erklärt sich ein solches Ergebnis? Da der kurznasigste Mops noch nach zwölf Stunden die Spur einer Möpsin über das Feld verfolgt, so steht man an sich vor einem Rätsel.

Die Lösung dieses Rätsels dürfte darin liegen, daß alle Hunde so daran gewöhnt waren, mit hoher Nase zu suchen, daß sie es ganz verlernt haben, einer Spur genau zu folgen.

An sich ist das Suchen mit hoher Nase und zugleich die richtige Benutzung der Windströmungen wohl das höchste, was ein Nasentier leisten kann. Aber es zeigt sich, daß — wie so häufig in der Welt — sehr hohe Leistungen mit dem Unvermögen, die einfachsten Dinge zu vollbringen, erkauft werden. Erzählt man doch von einem Sekundaner, daß ihn die Logarithmentafeln dermaßen fesselten, daß er sozusagen mit ihnen schlief. Höchst erstaunt war er eines Tages, als er fünf mal fünf — natürlich mit Hilfe seiner geliebten Tafeln — ausrechnete, daß das Ergebnis 25 war. Das hätte er einfacher haben können.

Bei dem Suchen mit hoher und dem mit tiefer Nase fällt mir immer der Unterschied ein, wie man früher als Neuling in einem Buche etwas suchte und wie man es jetzt tut. Wenn ich die später S. 141 zitierte Stelle aus dem Buch von Perty dadurch hätte finden wollen, daß ich Seite für Seite läse, so würde ich mit meinen Arbeiten niemals fertig werden. Ja, zu einem solchen Suchen fühlte ich mich fast außerstande. Steht nun zufälligerweise in einem Buche von 500 bis 1000 Seiten die gewünschte Stelle auf S. 2, so suche ich vielleicht mehrere Tage vergeblich, während sie ein Quintaner nach einer halben Stunde gefunden hat. Trotz meiner ungeheuren Routine unterliege ich also einem Anfänger.

Ein Hühnerhund, der stets mit hoher Nase sucht, wäre also trotz der hervorragenden Feinheit seiner Nase zum Polizeihund absolut unbrauchbar.

Man ersieht hieraus, daß die Güte der Nase selbst da, wo es auf eine feine Nase ankommt, nicht immer maßgebend ist.

Überhaupt halte ich die allgemein herrschende Ansicht, daß der Jagdhund gerade wegen der Feinheit der Nase sich besonders zur Jagd eignet, nicht für ganz zutreffend. Ebensowenig kann ich der Ansicht beipflichten, daß der amerikanische Bluthund wegen der „unglaublichen Feinheit seiner Nase“ besonders zum Verfolgen von Verbrecherfährten tauglich sei (vgl. S. 118).

Wiederholentlich haben Jäger den Versuch gemacht und andere Rassen benutzt, z. B. Pudel oder Bernhardiner. Fast ausnahmslos haben diese Tiere mit der Nase Ausgezeichnetes geleistet. Natürlich kann man eine Dogge wegen ihrer Schwerfälligkeit und mangelnden Ausdauer nicht zur Hühnerjagd, Schoßhunde überhaupt zu keiner Jagd verwenden. Die Vorzüge der Jagdhundarten liegen — abgesehen von ihrer Nase — in ihrer körperlichen Beschaffenheit, ferner darin, daß ihnen von den unzähligen Fährten seit Generationen für gewisse durch menschliche Dressur eine Neigung beigebracht wurde, die sie von Hause aus nicht hatten. Der Wildhund wird sich regelmäßig wenig um Hühnergeläuf oder menschliche Fährten kümmern. Abgesehen vom Fuchs, werden die anderen Hundearten ein Huhn nur ausnahmsweise überraschen, ebensowenig auf den Menschen systematisch Jagd machen. Dem Jagdhund ist nun seit Generationen die Vorliebe für gewisse Fährten und Spuren eingeimpft, genau wie dem Bluthund die für die menschliche Fährte. Bei der Konkurrenz mit anderen Hunderassen werden sie immer den Vorzug haben, daß sie genau wissen, was sie wollen, und keine Ablenkung kennen, der andere Rassen leicht unterliegen.

Der Beweis für die Richtigkeit dieser Ansicht läßt sich folgendermaßen erbringen. Unser feinnasigster Jagdhund würde niemals das leisten, was ein Bluthund vermag — und umgekehrt.

Sodann widerspricht der herrschenden Meinung, daß ein alter routinierter Jagdhund einem Anfänger unendlich überlegen ist, wie die allgemeine Erfahrung lehrt. Besser kann doch ein Sinn mit den Jahren unmöglich werden. Schließlich haßt jeder Jäger den wildernden Hund, mag er auch ein Fixköter der tollsten Art sein. Niemals denkt er etwa, wie man annehmen sollte, daß dieser Köter seinem Wildstande nicht schaden könne, da er keine Jagdhundnase besitzt. Auch Groß (a. a. O. S. 123) erwähnt einen Dorfköter, dessen sich die Jäger bedienten, wenn ihre Hunde nichts fanden.

Sodann haben wir bei den Augenleistungen genau denselben Unterschied. Ein erfahrener Jäger sieht tausend Dinge, die ein Unkundiger trotz vorzüglicher Augen niemals erkennen kann. Über die Bedeutung der Übung habe ich mich in meinem Buche (S. 78 u. 79) ausgesprochen und will das dort Gesagte hier wiederholen:

Ein außerordentlich wichtiger Faktor bei der Beurteilung des Sinnes ist ferner die Übung. Zwei Leute können genau dieselbe Sehschärfe haben, und trotzdem nimmt der eine unzählige Dinge wahr, die dem anderen gänzlich entgehen. Der Jäger erkennt an ganz unbedeutenden Kleinigkeiten, ob und welche Wildart er vor sich hat, der Offizier sieht unter einer Unmenge Soldaten einen mit schiefsitzender Binde, der Schäfer erkennt jedes Schaf, der Gelehrte erblickt in den Korrekturbogen ohne weiteres mehrere Druckfehler — alles Dinge, bei denen das nicht geübte Auge einfach vor einem Rätsel steht. Schildern doch alle Reisenden, daß in fremden Ländern, z. B. in China, dem Ankommenden zunächst alle Chinesen ganz ähnlich erscheinen, bis er dahinter kommt, daß auch bei ihnen sehr erhebliche Unterschiede bestehen.

Diese Wirkung der Übung darf niemals übersehen werden, da sie gleichmäßig für alle Sinne gilt. Ein lehrreiches Beispiel erzählte mir kürzlich ein Apotheker, dessen Angabe von anderer Seite bestätigt wurde. Er erklärte, daß er infolge der Übung beim Eintritt in seine Apotheke sofort röche, ob ein Kasten, z. B. mit Kamillentee, geöffnet sei oder nicht (vgl. S. 78). Wir gewöhnlichen Sterblichen wären zu dieser Leistung ganz außerstande, selbst wenn unser Geruchsorgan noch so scharf wäre.

Umgekehrt ist auch der ausdauerndsten Übung eine Grenze gesteckt. Ein Pferd kann noch so sehr trainiert werden, es wird niemals imstande sein, einen Windhund oder gar eine Schwalbe einzuholen.

An unsere Jagdhunde und die Bluthunde erinnern besonders die indischen Khojis, die vorhin (S. 64) erwähnt wurden.

Es kommt also nicht bloß auf die Sehschärfe, sondern auch auf die Übung an. Hieraus erklärt sich beispielsweise die bei Reisenden immer wiederkehrende Behauptung, daß die Naturvölker unendlich schärfere Augen besäßen als wir Kulturvölker. In Wirklichkeit haben sie gewöhnlich nur die größere Übung voraus.

Ein Nichtjäger sieht trotz scharfer Augen fast niemals ein brütendes Rebhuhn oder einen Hasen, der sich gedrückt hat. So kann man sich bei Neulingen mit Leichtigkeit den Spaß erlauben, sie ein Wild erlegen zu lassen, daß sie gar nicht gesehen haben. An einer Kaninchenjagd nahm ein junger Offizier teil, der noch niemals auf der Jagd gewesen war. Er war mein Nachbar, weshalb ich ihn nicht aus den Augen ließ. Plötzlich sah ich ein Kaninchen, das sich an einen Stamm gedrückt hatte. Ich machte den Offizier darauf aufmerksam, der es mir aber nicht glauben wollte, da er trotz schärfsten Hinsehens nichts entdecken konnte. Auf mein Zureden schoß er auf den Stamm und erbeutete ein Kaninchen, das er vorher gar nicht hatte erkennen können.

Außer der Übung spielt vor allen Dingen das Gedächtnis eine große Rolle. Wir wissen ja von uns, daß ein Mensch sehr scharfe Augen besitzen kann, aber daß er dennoch keinen Menschen wiedererkennt, weil ihm das sog. Physiognomiengedächtnis fehlt. Andere Menschen, insbesondere manche Polizeibeamte, besitzen dieses Gedächtnis in unglaublicher Weise. Ein Kriminalbeamter zeigte mir gelegentlich, daß jeder Mensch einen bestimmten Gang habe, so daß man ihn unfehlbar von hinten erkennen könne. In den Fällen, wo wir diese Theorie ausprobten, traf sie stets zu. Ob das immer der Fall ist, wage ich nicht zu entscheiden.

Schon jedes Sehen ist eine Kombination, wie z. B. Prof. Groß in seinem wiederholentlich zitierten Werke nachweist. Gerade der Jäger wie der Naturmensch kombinieren beim Sehen, sagen sich z. B. beim Anblick eines Tieres: dieses geht immer in Gesellschaft, es muß daher noch ein anderes in der Nähe sein. Gerade durch diese Kombination erscheint anderen Menschen ihre Sehschärfe so unglaublich. Mit dem Wittern ist es sicherlich nicht anders.

Wenn daher bei Prüfungen der Hunde immer von der Feinheit der Nase die Rede ist, so dürfte das nicht ganz genau ausgedrückt sein. An sich dürfte der Unterschied zwischen einem erstklassigen Jagdhund und einem normalen Hunde einer anderen Rasse (natürlich kein Windhund oder Schäferhund) nicht übermäßig groß sein. Wie aber der hirschgerechte Jäger tausend Dinge sieht, von denen ein Großstädter trotz vorzüglicher Augen nicht das mindeste erkennen kann, so leisten beide Hunderassen Grundverschiedenes. Der Jagdhund weiß zunächst, wo er zu suchen hat

— was ungeheuer wichtig ist —, sodann ist seine Nase eingestellt auf gewisse Gerüche, und schließlich besitzt er ein vortreffliches Gedächtnis für gewisse Gerüche.

Hierdurch erklärt es sich auch, daß in einer Meute sich gewöhnlich ein Hund als Leiter aufspielt oder daß zahlreiche Hunde faseln usw. Nicht die verschiedene Feinheit der Nase dürfte stets der Grund sein, wie man gewöhnlich annimmt, sondern die soeben genannten bedeutungsvollen Momente.

Daß die Einstellung des Auges für gewisse Dinge nicht etwa zum Allesseher macht, ist aus der Praxis bekannt. Wer sich für bestimmte Dinge interessiert, z. B. für Kleider, für Pflanzen, für Tiere, sieht gewöhnlich andere Dinge gar nicht. Ein Förster, dessen riesige Fährtenkunde ich bewundert hatte, konnte mir trotz angestrengten Nachdenkens nicht sagen, ob sein Chef, den er seit sieben Jahren täglich sah, und den er erst den Tag vorher gesehen hatte, einen Schnurrbart trug oder nicht. Nebenbei bemerkt, besaß der betreffende Herr einen stattlichen Schnurrbart.

Dreizehntes Kapitel.

Eignen sich alle Hundearten zum Polizeihund? Indispositionen des Hundes usw. Windströmungen.

Da besonders der Jagdhund wegen seiner feinen Nase bekannt ist, so müßte man annehmen, daß er sich am besten zum Polizeihund eigne. Das ist aber nicht der Fall, weil ihm die Jagdleidenschaft zu tief im Blute steckt. Diese Leidenschaft ist so groß, daß er darüber die Treue zu seinem eigenen Herrn vergißt. Hierfür möchte ich folgendes Beispiel anführen. Ein Bekannter erlaubte mir vor einigen Jahren, in seinem schönen Jagdrevier zu jagen. Er hat dort viele Hunde unter Aufsicht eines alten Wärters, der mir Treiberdienste leisten sollte. Die mir wildfremden Hunde ließen sofort ihren Pfleger im Stich und kümmerten sich nur um mich, als sie sahen, daß ich eine Flinte hatte und auf die Jagd ging. Ich, der Fremde, wurde von ihnen wie der eigene Herr behandelt, so daß sie z. B. das Rufen des Wärters absolut nicht beachteten und bei mir blieben. Ja, ein Hund war darüber so erfreut, daß er, als er nach einem Treiben durch den Wald mich wieder erblickte, an mir in die Höhe sprang und durch diese unerwartete Liebkosung beinahe meine Flinte zum Entladen gebracht hätte.

Kreuzt also die Spur eines Verbrechers eine Wildfährte, was auf dem Lande die Regel sein wird, so ist es mit der Lust zur Arbeit vorbei. Aus diesem Grunde ist der Jagdhund weder zum Polizei- noch zum Kriegshund zu gebrauchen.

Von den im Bilde angeführten Rassen besitzt wohl der Airedaleterrier die größte Jagdleidenschaft, die ihm bei der Dressur gründlich ausgetrieben werden muß, wenn er seinen Zweck erfüllen soll.

Weichliche Hunde, also alle Luxushunde, sind zum Polizeihund unverwendbar, weil sie nicht wetterfest sind, sehr große, wie Doggen, Bernhardiner usw., nicht wegen ihrer Gefährlichkeit und geringen Schnelligkeit. Es scheiden auch alle Hundearten aus, die einem Verbrecher nicht imponieren können, ferner die Pudel, weil sie sich nicht auf den Mann dressieren lassen.

Wenn wir nur die Güte der Nase in Betracht ziehen, so wäre darüber folgendes zu sagen. Da kein Mensch einen Windhund für ein Geschöpf mit hervorragendem Witterungsvermögen halten wird, so wäre von dieser Rasse abzusehen.

Wie steht es mit der Nase des Schäferhundes? Um jedes Mißverständnis auszuschließen, möchte ich folgendes betonen. Mir persönlich ist der deutsche Schäferhund ganz besonders ans Herz gewachsen, schon weil er im Gegensatz zu vielen Geschöpfen viel arbeitet und wenig Lärm macht. Ich halte ihn auch als Begleiter des Polizisten geradezu für einen idealen Hund, da er wetterfest, gehorsam, schnellfüßig, klug ist usw., kurz, alle guten Eigenschaften vereinigt.

Es wird mir deshalb besonders schwer, an diesem Hunde zu mäkeln. Aber die Wahrheit hat doch auf allen Gebieten das erste Wort. Was ich vor fünf Jahren in meinem Buche: Ist das Tier unvernünftig? geschrieben habe, daß sich nämlich bei ihm die Augen auf Kosten seiner Nase entwickelt haben, muß ich immer noch aufrechterhalten. Die Ansicht, daß der Schäferhund keine Jagdhundnase besitzt, war in meiner Heimat ganz allgemein verbreitet. Daß andere Fachleute dasselbe glauben, dafür berufe ich mich z. B. auf das bekannte Buch von Perty, Das Seelenleben der Tiere, wo es auf S. 556 von den Hunderassen folgendermaßen heißt: Nicht einmal die Geruchsschärfe ist bei allen vorhanden, nur gering z. B. beim Windspiel und beim Schäferhund. Ebenso stand vor einiger Zeit in „Weidwerk in Wort und Bild“, daß Graf Arnim-Boitzenburg eine Anzahl Schäferhunde als Saufinder benutzt habe, sie aber ihrer schlechten Nase wegen hätte abschaffen müssen.

Ich habe, um möglichste Klarheit in die Sache zu bringen, in der Deutschen Jägerzeitung die Jäger aufgefordert, sich über diesen Punkt mit ihren Beobachtungen zu äußern.

Da übrigens die guten Augen des Schäferhundes künstlich durch das Hüten der Schafe gezüchtet sind, wie ihnen ja auch der Riechnerv von manchen Schäfern zerstört wird, so ist es nicht unwahrscheinlich, daß die Schäferhunde durch fortwährende Benutzung ihrer Nase ihr ursprüngliches Riechvermögen wieder erwerben.

Man darf als Beweis einer guten Nase nicht geltend machen, daß, wie die Polizeihundprüfungen beweisen, der Schäferhund die Spuren seines Führers findet. Diese Leistung ist nach den früheren Ausführungen nicht unbedingt ein Zeichen einer feinen Nase. Es kommt vielmehr ganz auf die Umstände an.

Im übrigen trete ich dafür ein, wie ich später noch näher darlegen werde, daß jeder Polizeihund, der dienstlich tätig ist, von einer Kommission geprüft wird. Bei diesen Prüfungen muß sich ja schließlich feststellen lassen, wie die Nase des Schäferhundes beschaffen ist. Gern werde ich meine Ansicht berichtigen, wenn ich einsehen sollte, daß ich mich in einem Irrtum befinde.

Die an sich gute Nase eines Hundes kann unzweifelhaft durch ungeeignete Behandlung leistungsunfähig werden. Wenn ein Tabakhändler, ein Drogist oder ein Apotheker sich einen Hund hält, so muß dieser im Laufe der Zeit seine Nase verlieren, weil die Feinheit der Nerven auf die Dauer so starke Gerüche nicht vertragen kann. Daß solche Hunde auf der Jagd nichts leisten, sondern fast über Hühner stolpern, ist nicht wunderbar.

Aber auch sonst leiden gesunde Hunde an Indispositionen, die sie leistungsunfähig machen. An anderer Stelle wurden erwähnt die Trockenheit der Nase (S. 125), geschlechtliche Erregung (S. 109), Fett in den Nasenlöchern (S. 88, 159), Meltau (S. 111) und andere Gründe. Das Versagen eines Hundes wurde kürzlich in einem aufsehenerregenden Falle viel besprochen. Ein gewisser Döring verbarg sich im Kaiser-Friedrich-Museum, um dort zu stehlen. Die Zeitungen berichteten über den Fall folgendes: Am Sonnabend erschien Döring nachmittags gegen $^1/_2$5 Uhr wieder in dem Museum und ging in den Saal 15. Als dieser einen Augenblick leer war, kletterte er über eine altertümliche Reliefwand und versteckte sich in der dahinter befindlichen Fensternische. Um 6 Uhr nachmittags wurde das Museum geschlossen. Döring wartete in seinem Versteck ruhig die Zeit ab, bis die Wächter die Runde durch die Säle gemacht hatten. Bei der Wand, hinter der er versteckt saß, machte der Wächter, wie er bei der ersten Vernehmung erzählte, mit seinem Hunde halt, aber weder der Aufseher noch das Tier nahmen etwas Auffälliges wahr. Unmittelbar, nachdem die Kontrolle den Saal verlassen hatte, schwang sich der Bursche wieder über die Wand usw.

Besitzt diese Wand keine Öffnungen, so kann auch der feinnasigste Hund nichts wittern, wenn ihm nicht besondere Umstände zu Hilfe kommen. Denn die Duftmoleküle des Verbrechers heben sich hinter der Wand in die Höhe und können sich erst dann in dem vom Wärter und seinem Hunde betretenen Teil bemerkbar machen, wenn sie den ganzen Raum ausgefüllt haben, wozu längere Zeit gehört.

Besitzt dagegen die Wand unten Öffnungen, so muß man allerdings sagen, daß der Hund keine gute Nase zu haben scheint oder daß er wenigstens an einer Indisposition litt.

Es liegt übrigens auf der Hand, daß, wenn das Absuchen der Räume mit einem Hunde einen Zweck haben soll, derartige Wände unten Öffnungen haben müssen.

Wir hatten früher festgestellt, daß die Duftmoleküle sich verschieden schnell fortbewegen. Naturgemäß hat auf ihre Bewegung der Wind den allergrößten Einfluß. Leider sind wir über die Windströmungen noch sehr im Unklaren. Wir sehen aber an dem Rauche, den beispielsweise verbrennendes Kartoffelkraut auf den Feldern entwickelt, daß selbst in der Ebene die Windströmungen ganz wunderbar sind. Manchmal steigt der Rauch zunächst senkrecht nach oben, um sich dann im Bogen zu senken. Von Waldblößen und Gebirgskesseln wissen wir, daß der Wind sich in ihnen dreht oder, wie der Jäger sagt, küselt, d. h. sich kesselförmig bewegt. Mit Vorliebe stellen sich nämlich Hirsche und anderes Wild in solchen Wind, so daß sich der Jäger nie anschleichen kann, da er von jeder Seite gewittert wird. Wie der Mensch durch einen Spiegel hinter sich sehen, ferner durch Benutzung der Brennpunkte einer Ellipse ferne Gespräche belauschen kann (man denke an das sog. Ohr des Dionysios), so kann in dieser Weise das Wild, trotzdem es über dem Winde steht, den Menschen wittern, weil eben der Wind schließlich zu ihm kommt. Ich habe von diesem Verfahren gesagt, das Wild benutze einen „Riechspiegel".

Es ist klar, daß wir bei solcher Unkenntnis der Windströmungen dem Hunde großes Unrecht tun können, weil er nach unserer Ansicht nichts leistet, da er in der Nähe gelegene Gegenstände nicht wittert. Sehr richtig schreibt hierüber B. im „Polizeihund" Nr. 7 v. 1908 folgendes:

„Es kommt häufig vor, daß man sagt: heute versagen die Nasen der Hunde; ja es kann ganze Zeiten geben, in denen man an der Zuverlässigkeit der Hunde irre wird. Weht z. B. ein starker Wind die Witterung hoch über den Boden fort, um sie dann wieder in einem Zwischenraum zu Boden zu drücken, dann kann es wohl geschehen, daß der Hund in einer ‚Witterungsleere' dicht vor dem Objekt steht, ohne es zu winden. „Nicht nur an gewissen Tagen, sondern selbst zu gewissen Tageszeiten breitet sich der Dunstkreis des Wildes viel weiter aus oder zieht in einem schmalen Streifen sich weiter entlang als an anderen, und derselbe Hund, der jetzt die Gegenwart von Wild markiert, das hundert

Schritte vor ihm liegt, ist eine Stunde später nicht imstande, das ihm vor der Nase liegende Wild zu wittern“ (Dr. Langkavel). Ich selbst habe die Beobachtung gemacht, daß heftig wehender Wind die Ausdünstungen in etwas mehr als der Breite des Gegenstandes, von dem sie ausgehen, in ziemlich konzentrierter Form weithin mit sich führt, namentlich über Ebenen, daß Windstille aber die Verbreitung derselben radienartig begünstigt, so daß sie unmittelbar um das Zentrum am stärksten sind und sich in der erweiterten Kreisform immer schwächer zeigen. (Man denke an die Wellenbewegung durch einen Stein, den man ins ruhige Wasser wirft.) In diesem Falle reagierten meine Geruchsnerven oft nicht mehr bei einem Kilometer Entfernung von der ‚Abdeckerei‘, die mitten auf dem Felde stand. Dagegen traf mich bei ziemlich heftigem Winde noch ein Geruchsstreifen in etwa doppelter Breite des Gehöftes bei einer Entfernung von ca. 4 km. Ich muß vorausschicken, daß ich mich auf einer Ebene befand. Bergrücken, das konnte ich in einem anderen Falle feststellen, hinderten die Weiterverbreitung des Geruchs, resp. wurde derselbe durch die nachfolgenden Windstöße höher gehoben uud auch mehr verteilt. Diese Beobachtung gibt zu denken; sie erklärt auch das oft sonderbare Verhalten des Hundes, der hin- und herläuft, die Nase bald am Boden hat und bald in der Luft, sich schließlich aber keinen Vers daraus machen kann und wie fragend zum Herrn kommt. Wie häufig auch zieht der Hund an, ohne ein Resultat zu liefern, weil er auf jede Witterung reagiert, die aber inzwischen verweht ist oder sich plötzlich verteilt. Auch Wärme und Kälte sind einflußgebend auf die Suche des Hundes. Während die Wärme die Gerüche intensiver macht, werden sie durch die Kälte gewissermaßen gebunden. Das weiß jeder Bauer, der seinen Dunghaufen auf dem Hofe hat; während ihm im Sommer der Gestank lästig wird, sogar auf weite Entfernung hin, spürt er ihn im Winter nicht oder kaum in nächster Nähe. Staub und Wasser binden ebenfalls die Witterung, beeinträchtigen also gewissermaßen auch die Suche des Hundes. — Das sind unter vielen anderen Umstände, die oft zur falschen Beurteilung des Hundes bezüglich der Nase führen können, die zu berücksichtigen auch bei Prüfungssuchen von großem Werte ist."

Diesen Ausführungen von B. kann ich mich nur anschließen, da sie mit meinen Beobachtungen übereinstimmen.

Mißerfolge des Hundes entstehen also vielfach aus Gründen, die ganz naturgemäß sind. Wir würden von keinem Menschen verlangen, daß er bei dichtem Nebel die Turmuhr erkennt, aber bei dem Hunde reden wir von einem Mißerfolge, wenn er wegen der Windströmung gar nichts wittern konnte.

Andere Mißerfolge beruhen auf der Unkenntnis der Gegend. Ein Hund, der z. B. immer in sandigen Gegenden lebte, wird zunächst im Moor nichts finden, wahrscheinlich weil er sich erst an den Moorgeruch gewöhnen muß. Der deutsche Jäger muß sich ja auch erst in Tropengegenden an verschiedenes gewöhnen. Das Versagen unserer Hunde in Südwestafrika beruhte zum Teil auf dieser Unkenntnis. Der Hund verbellte alles Neue — und mit Recht von seinem Standpunkte aus. Außerdem mußte die große Trockenheit auf die Nase der an unser Klima gewöhnten Tiere nachteilig wirken.

Vierzehntes Kapitel.

Verschiedenes. Der Prozeß Woldenberg. Das Maximalalter der Fährten. Die Zuverlässigkeit der Polizeihunde. Die Notwendigkeit obligatorischer Polizeihundprüfungen.

Ich möchte noch auf den Prozeß Woldenberg zu sprechen kommen, da er die hauptsächlichste Veranlassung war, daß ich die vorliegende Arbeit niedergeschrieben habe.

In Grünau bei Berlin wurde im vergangenen Jahre eine Frau ermordet aufgefunden. Als Täter kam ihr Geliebter Woldenberg, den sie mit Geld unterstützt hatte, in Betracht. So verächtlich ein solcher Mensch ist, so darf man sich dadurch nicht beeinflussen lassen und muß die gegen ihn vorliegenden Verdachtsgründe sachlich prüfen.

Der Verdacht wurde durch Polizeihunde auf ihn gelenkt, die beide nach der Wohnung der Ermordeten liefen, und von denen einer, als er später die Mütze des Angeklagten wahrnahm, sie verbellte.

Wenn man auch die Zeitungsberichte über Prozeßverhandlungen mit Vorsicht aufnehmen muß, so konnten sich doch die Berichterstatter gewisse Ansichten und Fragen, die über die Leistungen von Polizeihunden geäußert wurden, nicht aus den Fingern gesogen haben. Und da konnte man sich beim Lesen dieses Teils der Verhandlung eines Kopfschüttelns nicht erwehren.

Nach der Aussage des Kriminalwachtmeisters ist den Hunden die Witterung des Täters durch die Schnur gegeben, die sich um den Hals der Ermordeten befand. Am Leibe längere Zeit getragene Gegenstände — Strümpfe, Unterbeinkleider usw. — werden selbstverständlich noch die Witterung des Trägers besitzen, auch wenn sie stundenlang den Körper einer anderen Person berühren. Bei der in der Tasche getragenen Schnur ist die Sache aber mindestens zweifelhaft, nachdem sie 16 Stunden um den Hals der Leiche gelegen hatte. Wahrscheinlich haben die Hunde die vom Kampfe herrührende, durch Händedruck usw. bedingte fremde Witterung sofort herausgerochen. An den Fußspuren hatten sie dann einwandfreie Mittel, die Ausdünstung des Täters sich einzuprägen.

Die Hunde haben nun die Fährte der Ermordeten und des sie begleitenden Mörders verfolgt, was ja sicherlich für sie am leichtesten war. Aus der Frage des Verteidigers — ob nämlich die Hunde die Witterung eines auf dem Rade befindlichen Menschen verfolgen können — muß man schließen, daß der Mörder nach vollbrachter Tat sich auf das Rad schwang und davoneilte.

Wäre er zu Fuß gekommen, so hätten unter günstigen Verhältnissen die Hunde die letzte Fährte, also die nach dem Bahnhof, verfolgen müssen. Das haben sie nicht getan, weil eben ein Rad benutzt wurde oder die Fußspur wahrscheinlich zertreten war. Dieser Punkt bedurfte einer genauen Aufklärung. Ein Hund, dessen Herr viel Rad fährt, folgt unbedenklich einer Radspur, als Neuling wird er gewöhnlich versagen. Wie weit die Hunde in dieser Hinsicht ausgebildet waren, ist nicht mitgeteilt worden.

Direktor Gersbach soll als Sachverständiger ausgesagt haben, daß es nicht ausgeschlossen sei, daß ein Hund noch nach 16 Stunden der Witterung eines Menschen folge. Ich nehme an, daß hier eine ungenaue Wiedergabe vorliegt.

Was die Verteidiger wissen wollten, war aus ihrer Fragestellung nicht ersichtlich. Es gibt drei Möglichkeiten.

1. Sie meinten, ob der vom Menschen ausgehende Duft, also selbst dann, wenn er auf einem fremden Rade fährt, noch nach 16 Stunden gewittert werden könnte.

Diese Frage ist unter normalen Verhältnissen zu verneinen, wie ja auch nach von Kadich der Bluthund bei dieser Sachlage versagt. Selbstverständlich kann man sich Fälle konstruieren, wonach z. B. an glühend heißen Tagen die Luft stillsteht und z. B. die Ausdünstung eines Autos stundenlang festhält. Das sind selbstverständlich Ausnahmen.

2. Sie meinten, ob der Verbrecher nach dieser Zeit gewittert wurde, wenn er sein eigenes Rad benützt.

Hierauf ist zu antworten, daß ein guter Hund, dessen Herr viel Rad fährt, seiner Spur wohl nach dieser Zeit folgen kann, da er seine Witterung genau kennt. Hier hatten die Hunde jedoch nur einen wenig geeigneten Gegenstand zum „Genossenwerden" erhalten. Übertragen wir ihre Lage auf die eines Menschen, so hätte hiernach ein Polizeibeamter nach einer verwischten Photographie einen Menschen wiedererkennen sollen. Liegen nun die Verhältnisse günstig, z. B. hat der Verbrecher mit der schweißigen Hand die Schläuche seines Rades oft angefaßt, hält es überhaupt in seiner Wohnung und ist beispielsweise durch keine Regenpfütze gefahren, dann ist es möglich, daß der Hund der Radspur folgt, wenn er darin geübt ist. Ob das der Fall sei — und das ist der Kernpunkt der Sache — ist anscheinend mit keiner Silbe erörtert worden. Selbst wenn der Polizeihund darin sehr geübt war, kann jedoch die Antwort nur lauten: möglich ist es, aber nicht wahrscheinlich. Tatsächlich sind beide Hunde auch gar nicht nach dem Bahnhofe gelaufen.

3. Sie meinten, ob es möglich sei, daß nach 16 Stunden ein Hund der Fährte eines Menschen folgen könne. Das ist unter normalen Verhältnissen nicht nur nicht ausgeschlossen, sondern eine Kleinigkeit.

Nach den bisher entwickelten Grundsätzen gelangen wir zu folgendem Ergebnis:

Ohne Prüfung der Hunde kann kein Sachverständiger über die Leistungsfähigkeit der Nase ein Urteil abgeben, es sei denn, daß der erreichte Erfolg für die Güte der Nase spricht.

Ob man in dem Finden der Wohnstätte der Ermordeten einen hinreichenden Beweis für die Güte der Nase erblicken kann, möchte ich dahingestellt sein lassen.

Der Umstand, daß der zweite Hund genau denselben Weg gelaufen ist, dürfte bei allen Laien den Eindruck erwecken, daß diese Bestätigung von ausschlaggebender Bedeutung sei. Hier liegt ein großer Irrtum vor. Wenn der Hund ein Faseler ist — und solche sind nicht so selten — dann läuft er einfach der Spur des ersten Hundes nach (vgl. auch S. 109).

Es kommt also alles auf die Güte des Hundes an. Wie überall im Leben gibt es nämlich solche und solche.

Sehr zu seinen Gunsten spricht, daß ein Hund später die Mütze des Mörders angebellt hat. Das beweist, daß er dessen Witterung noch kannte und daß er selbständig handeln konnte.

Durch das Geständnis des Mörders ist die Zuverlässigkeit der Polizeihunde wieder einmal bestätigt und der Fall praktisch erledigt. Theoretisch aber ist er unerledigt, und ich muß meine Bemängelungen aufrechterhalten.

Ich fasse die Punkte zusammen, die meines Erachtens bei einem Prozesse, bei dem es sich um den Kopf des Angeklagten handelt, unbedingt erörtert werden mußten.

1. Die Erörterungen der duftzerstörenden elementaren Umstände — also ob Regen in der Nacht gefallen war u. dgl.

2. Die Erörterung, wie andere Umstände dieser Art (fremde Fährten usw.) ferngehalten wurden — Absperren des Platzes — wie weit usw.

3. Die Feststellung der Leistungsfähigkeit und Ausbildung der Polizeihunde (Folgen von Radspuren usw.). Nur auf diesem Wege konnte man beurteilen, ob das Verfolgen derselben Fährte durch den zweiten Hund eine Bestätigung war oder nicht. Die Angaben der Führer sind hierfür nicht maßgebend.

4. Die Schnur war nach Lage der Dinge kein einwandfreies Mittel zum Verschaffen der Witterung des Täters.

5. Bei normalen Verhältnissen kann kein Hund nach 16 Stunden der Witterung des Körpers eines Radfahrers folgen, während er die Fährte eines Menschen noch nach 48 Stunden (und länger) finden kann. Entfernt sich der Verbrecher auf seinem eigenen Rade, dann kommt es auf die Übung des Hundes an. Man wird trotzdem die Frage unter den vorliegenden Verhältnissen verneinen müssen.

Nochmals betone ich, daß alle meine Bemängelungen lediglich der guten Sache dienen sollen und nur mit Vorbehalt geschehen, da ich sehr wohl weiß, daß man Prozeßberichten nicht unbedingt trauen darf. Übrigens hat Direktor Gersbach es unterlassen, in dem ihm so nahestehenden Organ „Der Polizeihund“, der von Fritz Gersbach herausgegeben wird, eine authentische Wiedergabe seines Gutachtens zu veröffentlichen, obwohl er auch von anderer Seite deswegen angegriffen wurde. Das hat mich in Erstaunen versetzt.

Es blieben noch einige Punkte zu erledigen.

Zunächst die Frage nach der Maximalzeit, nach Ablauf deren ein Hund noch imstande ist, eine Fährte zu finden.

In Jägerkreisen heißt es allgemein, daß der gute Hund hierzu noch nach 48 Stunden imstande ist.

In dieser Hinsicht ist jedoch der Jäger nicht maßgebend, da es sein Beruf mit sich bringt, daß er kaum jemals nach Ablauf dieser Zeit einen Hund verwenden wird.

Ich glaube ohne weiteres den Berichten, nach denen manche Polizeihunde nach drei, ja nach vier Tagen unter günstigen Umständen eine Fährte gefunden haben. Ja, ich könnte mir theoretisch Fälle konstruieren, wo die Duftmoleküle infolge der Windstille und absoluten Ausbleibens von Niederschlägen noch nach Ablauf der doppelten Zeit wahrgenommen werden. —

Vorhin bemerkte ich, daß es solche und solche Hunde gäbe. Hierüber hat schon der alte Xenophon im Kynegetikos geklagt. Nachdem er auseinandergesetzt hat, wie verschieden sich die Hunde beim Auffinden der Spur benehmen — übrigens berichtet der Elefantenjäger Knochenhauer, daß sich viele Hunde beim Spüren eines Löwen auf der Spur wälzen, wodurch man erst auf die Nähe des Königs der Tiere aufmerksam wird — schreibt er darüber folgendes: Viele schwärmen nur ganz unvernünftig umher. Diejenigen, die sich immer nach anderen Hunden umsehen, haben kein Selbstvertrauen. Manche sind so keck, daß sie andere suchende Hunde nicht vor sich lassen. Manche suchen den Jäger zu betrügen, indem sie jederzeit tun, als hätten sie Wunder was gefunden, wenn auch gar nichts da ist.

Gerade da mich das Problem des Witterns seit meiner Jugend beschäftigte, habe ich jahrelang bei Förstern zu jeder Jahreszeit gewohnt und habe mit Vorliebe der Arbeit ihrer Hunde zugeschaut, um der Sache auf den Grund zu kommen. Denn bei erfahrenen Praktikern wird man auf manche Dinge aufmerksam gemacht, die man von keinem Herrenjäger erfährt. Daß man dabei mancherlei Unbequemlichkeiten — nicht etwa physische, das will ja nichts sagen — in den Kauf nehmen muß, braucht nicht erst erwähnt zu werden. Solche Opfer müssen eben im Interesse der Sache gebracht werden. Immer wieder habe ich mich davon überzeugt, daß es todsichere Hunde gibt, daß aber auch nicht selten unsichere Kantonisten vorkommen. Es ist eine wahre Freude, einen alten Praktiker mit guter Nase arbeiten zu sehen, und eigentlich ist nichts arroganter, als wenn der Mensch einem Tier auf einem Gebiete Vorschriften macht, von dem er doch nichts versteht, beispielsweise von der Windströmung keine Ahnung hat. Ein Polizeihundführer, der weiß, daß sein Hund zuverlässig ist, wird meines Erachtens den Hund nach dessen Willen arbeiten lassen. Glücklicherweise sind selbst die gehorsamsten Hunde dann häufig ungehorsam, wenn der Unsinn, den ihnen der Mensch befiehlt, zu toll wird.

Einen lehrreichen Fall dieser Art erlebte ich gelegentlich einer Entenjagd. Auf einem Wasserloch wurde eine Ente erlegt, während eine zweite geflügelt, d. h. angeschossen ins Wasser fiel. Obwohl das Loch nicht viel größer als ein Saal war, hatte die Ente an dem dichten Gewirr von Wasser- und anderen Pflanzen vorzügliche Schlupfwinkel. Zwei gute Hunde, ein Rüde und eine Hündin, die mein Bekannter führte, suchten fortwährend im Wasser, hatten aber trotzdem nach Ablauf von einer halben Stunde die Ente nicht gefunden. Plötzlich lief der Rüde fort und war trotz alles Pfeifens seines Herrn im Getreide verschwunden. Nach kurzer Zeit erschien er mit der Ente im Maule wieder.

Nur nebenbei möchte ich bemerken, daß geflügelte Enten regelmäßig das Wasser verlassen. Trotzdem wir drei Personen waren, die um den Sumpf gestanden hatten, war es der Ente gelungen, geschützt durch den üppigen Pflanzenwuchs, unbemerkt in das Roggenfeld zu gelangen.

Da mein Bekannter sonst keine Gelegenheit zur Entenjagd hatte, so war ihm diese Eigentümlichkeit der Enten unbekannt. Auch der Hund hatte keine Übung in der Entenjagd. Wäre er dem Pfiffe seines Herrn gefolgt, dann hätte dieser niemals die Beute gemacht.

Ein zuverlässiger Hund ist unzweifelhaft jedem Durchschnittszeugen als Beweismittel unendlich überlegen, schon weil ihm die unbewußte Zu- oder Abneigung gegenüber dem Angeklagten fehlt, die unwillkürlich jeden Zeugen beeinflußt. Professor Groß hat mit Recht eindringlich vor der Überschätzung der Zeugenaussagen gewarnt.

Da man nun nicht weiß, ob ein Polizeihund zuverlässig ist, so wäre es eigentlich eine unbedingte Notwendigkeit, daß alle Polizeihunde, die nicht durch einen Erfolg die Güte ihrer Nase dargetan haben, offiziell vor einer Kommission von Sachverständigen geprüft werden. Allerdings müßte dann verschiedenes, was bei den heute stattfindenden Prüfungen üblich ist, geändert werden. Doch darüber möchte ich mich an anderer Stelle näher äußern, da es hier zu weit führen würde. Nur darauf möchte ich hinweisen, daß ein Hund, der spät, z. B. als zehnter, geprüft wird, es unendlich schwerer hat, auf dem zertrampelten Platze etwas zu finden als der erste.

Fünfzehntes Kapitel.

Ergebnis.

Daß die Darstellung des vorliegenden Buches verschiedene Mängel aufweist, darüber gebe ich mich keiner Täuschung hin. Aber es wird mir zur Entschuldigung gereichen, daß es sich um ein Gebiet handelt, das zu den allerschwierigsten gehört, und bei dem man fast gänzlich auf sich selbst angewiesen ist, da Vorläufer so gut wie gar nicht existieren.

Fassen wir am Schlusse das Ergebnis zusammen. Die Tätigkeit des Polizeihundes bei der Aufdeckung des Verbrechens beruht auf der größeren Leistungsfähigkeit seines Riechorgans. Unsere Nase ist im Vergleiche zur Hundenase verkümmert. Der Mensch kann nur riechen, der Hund dagegen wittern, worunter ich verstehe, daß er Riechmoleküle wahrnimmt, die unserer Nase vollkommen entgehen. Die Welt der Duftstoffe ist uns Menschen fast ebenso verschlossen wie dem Hunde die Welt der Lichtstrahlen.

Mit Zwaardemaker entscheiden wir uns für die materielle, nicht für die dynamische Theorie, indem wir annehmen, daß das Riechen durch materielle Partikelchen, nicht durch bloße Schwingungen, erfolgt. Die hauptsächlichste Form des Freiwerdens der Riechmoleküle geschieht durch Verdampfung. Die Verteilung geschieht in so unendlich kleinen Partikelchen, daß uns jede Vorstellung dafür fehlt. Wie die Röntgenstrahlen für unser Auge unsichtbar sind, so umgeben uns fortwährend unzählige Riechmoleküle, von denen unsere Nase nichts meldet. Die Fortpflanzungsgeschwindigkeit der einzelnen Gerüche ist verschieden, sehr langsam beispielsweise beim Kautschuk.

Beim Essen findet häufig eine Verwechselung des Geschmacks mit dem Geruche statt. Hierbei gelangen die Riechpartikel nicht von vorn durch Einatmen, sondern von der Zunge durch Ausatmen in die Nase.

Die einzelnen Gerüche kann man am besten mit den Farben vergleichen. Zwaardemaker nimmt neun verschiedene Klassen an. Wie die Wilden für die meisten Farben keine besondere Bezeichnung haben, so fehlen uns auch besondere Ausdrücke für die einzelnen Gerüche.

Bei den Kulturmenschen sind nach Zwaardemaker die Geruchsorgane nicht verkümmert, wohl aber häufig die Zugänge zu ihnen verstopft, so daß sie infolgedessen nicht riechen können. Naturmenschen können nicht wittern, weil eben bei allen Menschen die Entwickelung von Augen und Ohren auf Kosten der Nase vor sich gegangen ist. Das Schnüffeln beschleunigt die Riechfähigkeit, deshalb schnüffeln alle Nasentiere.

Höchst interessant ist die Kompensation der Gerüche, wonach wir von zwei starken Gerüchen keinen einzigen wahrnehmen. Wahrscheinlich beruht das darauf, daß unsere Nase im Gegensatz zu Auge und Ohr nur einen starken Geruch wahrnehmen kann. Deshalb muß auch unser Geruchssinn bald ermüden, damit er wieder von neuem als Wächter dienen kann.

Gewisse Stoffe binden die Gerüche, z. B. Erde, Tuch, Haare, namentlich Fette. Deshalb muß der Polizeihundführer, der in Transtiefeln mit seinem Hunde fährt, sich vorsehen, daß er seinem Gehilfen nicht mit dem Tran in die Nase kommt, und zwar des Fettes, nicht des Geruches wegen.

Gerüche können wir unterdrücken durch stärkere Gerüche, worauf das Verwittern beruht.

Verwittern und Binden sind objektiver Natur, während die Kompensation der Gerüche wohl nur eine Eigentümlichkeit der menschlichen Nase ist.

Jede Person hat ihren speziellen Duft, der sich von dem anderer Personen wahrscheinlich ebenso unterscheidet wie die einzelnen Farbennuancen.

Alle Tiere, die zu derselben Gattung gehören, sehen nicht bloß ähnlich aus, sondern duften auch ähnlich usw.

Nicht nur jedes Geschöpf hat seinen besonderen Duft, sondern auch jeder Körperteil.

Jedes Geschöpf hat nun aber einen verschiedenen Duft, je nachdem es gesund oder krank usw. ist.

Die Ausdünstungen des Menschen teilen sich seiner Kleidung und seinem Schuhwerk mit, wonach sich der Polizeihund richtet, weshalb er durch fremde Stiefel irregeführt werden kann.

Eine alte und eine frische Fährte unterscheidet der Hund wahrscheinlich an der größeren und geringeren Menge von Riechmolekülen.

Ob der Schäferhund eine ebenso gute Nase wie die beiden anderen Hunderassen besitzt, ist zu bezweifeln. Diese Streitfrage werden die Prüfungen und die vergleichende Anatomie und Physiologie aus der Welt schaffen. Die Leistungen des Hundes sind übrigens nicht so sehr von der Feinheit der Nase als von der Übung und dem Geruchsgedächtnis abhängig.

Bei der Tätigkeit des Polizeihundes ist das Wetter von größter Bedeutung. An heißen Sommertagen soll man nicht zur Mittagszeit den Hund arbeiten lassen, sondern man tut gut, die späten Nachmittagstunden abzuwarten.

Die Riechmoleküle werden nämlich lebhafter bei Feuchtigkeit und Wärme, sie verlangsamen ihre Bewegung bei Trockenheit und Kälte. Deshalb kann der Hund in der trockenen Sommerhitze nichts leisten, zumal wenn seine Nase trocken geworden ist.

Etwas Ähnliches haben wir übrigens beim Sehen. Wie mir ein alter Militär, der viele Jahre in Afrika geweilt hat, aus seiner Praxis mitteilt, flimmert dort die Luft an glühend heißen Tagen derartig, daß man nicht genau sehen kann.

Der Wind, der unser Sehen gar nicht beeinflußt, ist für die Richtung der Riechmoleküle von größter Bedeutung.

Jedes Nasentier könnte zur Suche abgerichtet werden, nur fehlt dem Pflanzenfresser das Interesse für eine Menschenfährte.

Das Riechen kommt zustande, indem Riechmoleküle, die gasförmig sind, die Riechschleimhaut berühren.

Hierbei müssen wir wiederum die Weisheit der Natur aufs höchste bewundern. Die Riechmoleküle sind am lebhaftesten bei Feuchtigkeit und Wärme, und sie werden durch gewisse Stoffe vorzüglich gebunden. Hierzu gehören z. B. Haare. Eine Kellnerin oder Büfetteuse kann ihren Beruf schon um deswillen schwer verbergen, weil sie gewöhnlich von ihrer Wirtin hören muß: „Aber Fräulein, riechen Ihre Haare nach Tabakrauch!"

Aus diesem Grunde ist die Riechschleimhaut feucht, warm (etwa 30 Grad Celsius) und mit Riechhärchen besetzt.

Da die feine Nase es allein nicht tut, sondern Übung und Geruchsgedächtnis hinzukommen muß, so halte ich es für unbedingt notwendig, daß jeder Polizeihund von einer sachverständigen Kommission geprüft wird. Das Raubtier wird durch den knurrenden Magen zu dieser Übung gezwungen, während umgekehrt der fette Mops seine Fähigkeiten gar nicht übt, da ihm alles vorgesetzt wird. Daß an sich seine Nase schlecht ist, glaube ich gar nicht. Ähnliches haben wir bei uns Menschen. Die Dame der Gesellschaft, die stets von Herren geführt wird, weiß niemals einen Weg allein zu finden. Das beweist doch aber nicht, daß der Kulturmensch zu einer solchen Leistung unfähig ist.

Ferner müßten Vorschriften ergehen, wie die Verbrechensstelle bis zum Eintreffen der Polizeihunde vor Veränderung der Riechmoleküle zu schützen ist. Ebenso müßte vorgeschrieben werden, daß hinterlassene Gegenstände vorsichtig zu behandeln sind. Sie sollen beispielsweise nicht unnötig angefaßt werden — womöglich mit fettigen Händen —, sollen auch nicht zu großer austrocknender Hitze ausgesetzt werden. Wenigstens sollen sie in einem solchen Falle, bevor man sie den Hunden zum Beriechen gibt, erst befeuchtet werden. Das Aufbewahren unter einer Luftpumpe wäre das idealste, läßt sich aber in der Praxis kaum durchführen.

Weil Feuchtigkeit die Riechmoleküle in Bewegung setzt, deshalb haben alle Nasentiere feuchte Nasen, und weil durch Schnüffeln das Riechen schneller vor sich geht, deshalb schnüffeln sie alle.

Durch Mißerfolge, die man mit Polizeihunden erlebt, darf man sich in keiner Weise irremachen lassen, zumal da wir gar nicht beurteilen können, ob nicht im konkreten Falle ein Erfolg selbst bei einem feinnasigen Hunde eine Unmöglichkeit ist, z. B. weil die Windströmung an dem Tatorte ganz eigenartig ist. Tragen doch selbst marschierende Menschenkolonnen Duftmoleküle mit sich, wie die Erfahrung lehrt. Kennt ferner ein Hund beispielsweise den Lupinengeruch nicht, so wird er trotz bester Nase keine Fährte finden, wenn der Tatort im Lupinenfeld liegt, während ein an Lupinen gewöhnter Hund tadellos arbeitet.

Die Nachteile des Meltaus beruhen wahrscheinlich ebenfalls auf seinem Dufte.

Um den Hund nicht durch Liebesgedanken ablenken zu lassen, kastrieren manche den Rüden. Ob dadurch seine Leistungsfähigkeit beeinträchtigt wird, muß die Praxis lehren.

Um lange Bahnfahrten zu vermeiden, sollen möglichst alle Polizeidirektionen mit Hunden versehen sein.

Wenn jemand nun glauben sollte, daß alle Geheimnisse des Witterns restlos aufgedeckt wären, so würde er sich in einem Irrtum befinden. Der feinnasigste Jagdhund läuft beispielsweise bei günstigem Winde an brütenden Rebhennen und anderen Erdbrütern vorüber. Da manche diese Tatsache bezweifeln, so habe ich in diesem Frühsommer vor dem Mähen der Wiesen mich nochmals von der Richtigkeit dieser alten Beobachtung überzeugt und in Begleitung zweier Förster und mehrerer ausgezeichneten Jagdhunde die Wiesen abgesucht. Alte mit Jungen wurden mehrfach gefunden, dagegen keine brütende Henne, obwohl sich beim Mähen herausstellte, daß sie in großer Anzahl vorhanden waren. Ein befreundeter Arzt erklärte die Sache damit, daß die Hennen ihren „scent" nach unten senden, konnte mir aber keinen Aufschluß darüber geben, weshalb nicht andere Tiere, z. B. Hasen, dieses probate Mittel nachahmen. Ich habe an anderer Stelle die Sache folgendermaßen erklärt. Im Interesse der Nachkommenschaft verleiht die Natur der brütenden Henne gegen Augentiere die Schutzfarbe — eine brütende Henne übersieht der Ungeübte stets — gegen Nasentiere den Schutzduft. Durch die Brut-

Deutscher Schäferhund.

Airedaleterrier.

Dobermannpinscher

Druck von A. W. Hayn's Erben, Potsdam.